O verdadeiro Ho'oponopono

Amanda Dreher

O verdadeiro Ho'oponopono

Como restaurar sua harmonia, limpar memórias e manifestar milagres

Luz da Serra®
EDITORA

1ª Edição - Nova Petrópolis/RS - 2025

Capa: Rafael Brum
Projeto gráfico e diagramação: Simone Ribeiro
Produção Editorial: Tatiana Muller
Revisão: Daniele Marcon, Marcos Seefeld
Ilustrações: Alice Tischer
Vetores do miolo: freepik.com

**Dados Internacionais de Catalogação na Publicação (CIP)
(Câmara Brasileira do Livro, SP, Brasil)**

Dreher, Amanda
   O verdadeiro Ho'oponopono : como restaurar sua harmonia, limpar memórias e manisfestar milagres / Amanda Dreher. -- Nova Petrópolis, RS : Luz da Serra Editora, 2022.

ISBN 978-65-88484-57-9

1. Autoajuda 2. Crenças 3. Desenvolvimento pessoal
4. Harmonia 5. Ho'oponopono 6. Ho'oponopono - Técnica de cura 7. Medicina alternativa 8. Memórias 9. Perdão
I. Título.

22-125620   CDD-615.8528

Índices para catálogo sistemático:

1. Poder de cura : Ho'oponopono : Terapia alternativa
                    615.8528
Eliete Marques da Silva - Bibliotecária - CRB-8/9380

Luz da Serra Editora Ltda.

Rua das Calêndulas, 62   loja@luzdaserra.com.br
Bairro Juriti - Nova Petrópolis/RS   www.luzdaserra.com.br
CEP: 95150-000   loja.luzdaserraeditora.com.br

                                      (54) 99263 0619

ALOHA! NAMASTÊ!
Eu reconheço o Divino em você e em mim!

08 INTRODUÇÃO

18 **PARTE 1: O VERDADEIRO HO'OPONOPONO**
- 20   O verdadeiro Ho'oponopono
- 24   O que não é Ho'oponopono
- 25   Qual a origem do Ho'oponopono
- 27   Memórias x Inspiração
- 34   Os seis princípios do Ho'oponopono
- 50   As três mentes na visão do Ho'oponopono
- 59   Os três passos do Atma Ho'oponopono
- 64   Benefícios do Ho'oponopono
- 66   Ative sua âncora Atma Ho'oponopono

68 **PARTE 2: A SUA TRANSFORMAÇÃO**
- 70   O poderoso mantra das quatro frases
- 76   Como praticar o mantra das quatro frases
- 79   Qual é o seu problema?
- 81   Exercício: identifique o problema
- 88   Curar a si mesmo
- 90   Exercício: autocura
- 93   Mantra Atma Ho'oponopono
- 95   Como meditar com o verdadeiro Ho'oponopono
- 98   Técnica Atma Ho'oponopono de Limpeza Inicial

SUMÁRIO

- **101** A origem das dores e doenças
- **104** Técnica Atma Ho'oponopono da Saúde Perfeita
- **113** Estamos todos conectados: Cordas Aka
- **117** Raízes ancestrais
- **119** Técnica Atma Ho'oponopono dos Relacionamentos Perfeitos
- **126** Julgamentos, projeções e expectativas
- **130** Exercício: os outros são meu espelho
- **133** Como ajudar outras pessoas
- **135** A maior e melhor proteção energética
- **137** Técnica Atma Ho'oponopono de Limpeza Profunda
- **141** Limpeza dos ambientes
- **142** Exercício: limpeza de ambientes
- **143** Prece Atma Ho'oponopono de Limpeza dos Ambientes
- **144** Exercício: hora do destralhe
- **145** A sua missão e realização profissional
- **148** Exercício Poderoso: a memória que bloqueia a sua realização profissional
- **154** Técnica Atma Ho'oponopono da Abundância Ilimitada
- **159** Ho'oponopono: sonhos e desejos
- **161** A carta dos desejos da Alma

164 MENSAGEM FINAL

168 GLOSSÁRIO

172 REFERÊNCIAS E INDICAÇÕES DE LEITURA

INTRODUÇÃO

São quatro horas da manhã do primeiro domingo de julho, época em que aqui no sul do Brasil os dias são geralmente frios. Mas hoje é diferente: a temperatura está amena e sinto o coração aquecido ao levantar para compartilhar com você as inspirações que fluem sem parar e não me deixam mais dormir.

Mais cedo, antes de deitar, eu fiz uma pergunta ao Universo, a Deus, à Inteligência Maior que guia as nossas vidas, não importa o nome pelo qual você reconheça: como o verdadeiro Ho'oponopono atua na vida das pessoas? Como ele está presente na minha vida? Quando você faz uma pergunta ao Universo, ele vai te responder...

Minha história com o Ho'oponopono começou no ano de 2008, quando tive acesso pela primeira vez ao livro *O Limite Zero*[1], de Joe Vitale. Confesso que, naquele momento, não entendi direito como o Ho'oponopono funcionava, mas, mesmo sem compreender tudo racionalmente, fiquei encantada com as histórias de transformações e o poderoso mantra das quatro frases:

> **"SINTO MUITO. ME PERDOE. TE AMO. SOU GRATO."**

A razão eu ainda não entendia, mas no meu coração aquilo fazia sentido. Comecei a aplicar as quatro frases durante o dia: enquanto sentava para meditar, durante o banho, lendo. Sempre que tinha um pensamento ou sentimento negativo, eu repetia as quatro frases.

Naquela época, eu já era terapeuta (comecei na área das terapias naturais em abril de 2002) e lembro de ter compartilhado o mantra com alguns dos meus consultantes. Era incrível como algo tão simples tinha o poder de deixar a vida mais leve, ajudar a encontrar as respostas e abrir os caminhos para as coisas darem certo. Percebi que muitos julgamentos e cobranças que eu fazia a mim mesma foram sendo limpos. Memórias negativas (de dor e sofrimento) do passado, que estavam secretamente guardadas no meu coração, foram se dissolvendo e dando espaço para um sentimento de paz interior.

---

[1] VITALE, Joe. *Limite Zero: o sistema havaiano secreto para prosperidade, saúde, paz, e mais ainda.* Rio de Janeiro. Rocco, 2009. Título original: *Zero Limits: The secret Hawaiian System for Wealth, Health, Peace, and More.*

Mesmo assim, depois de um tempo, parei de praticar Ho'oponopono. Não foi algo repentino, mas um processo. Aí vem a pergunta: por quê? Por que você para de fazer algo que é simples e faz tão bem? Na época, eu não tinha a resposta. Hoje eu tenho. O Ho'oponopono explica: são as memórias atuando. Existe uma espécie de programação automática da mente que prende você a antigos padrões de comportamento. São as memórias impedindo que você consiga manifestar uma vida de abundância e realização. E o verdadeiro Ho'oponopono é um sistema para limpar essas memórias limitantes.

Alguns anos se passaram e de alguma forma o Ho'oponopono voltou para minha vida. Dessa vez com um nível de entendimento maior, eu já era capaz de entender como ele funcionava e percebi que era bem mais do que apenas repetir o mantra das quatro frases. Desde então, ele faz parte da minha vida, não apenas como uma técnica, mas como uma nova forma de perceber a vida e enxergar a mim e aos outros.

Uma vez que você sabe algo e tem acesso a um conhecimento como o do verdadeiro Ho'oponopono, ele sempre estará presente, de uma forma ou outra, em tudo o que faz.

Depois que você sabe, não tem como "des-saber". É como um perfume. Onde você for, no que você fizer, ele estará presente.

Hoje eu percebo que o grande poder do Ho'oponopono é inspirar você a agir na direção correta e realizar o plano que a sua Alma (Atma) planejou para esta existência. Ao limpar as memórias limitantes, é como se ele tirasse da sua vida tudo o que não serve mais e está atrapalhando a sua evolução e, assim, abrisse espaço para a nova realidade que você deseja manifestar. Ao limpar as memórias, você permite que a inspiração divina o guie para viver seu propósito, alinhado com o seu plano de Alma.

Lembro que, alguns anos atrás, eu não estava satisfeita com o trabalho de uma pessoa da equipe em nossa empresa, não sabia o que fazer e isso estava roubando muito minha energia. Quando eu fiz Ho'oponopono em mim para limpar a memória que me atraía a essa situação, no outro dia, a pessoa pediu para ser desligada.

O Ho'oponopono vai te mostrar qual é o caminho e te impulsionar na direção que você precisa seguir. Ele trará clareza e confiança. Não é uma teoria, mas uma nova forma de viver a vida. É sobre estar conectado com a Fonte Divina, que é abundante e tem todas as respostas, e manifestar essa abundância em sua vida.

Quando eu sistematizei o Atma Healing — um sistema terapêutico de ativações vibracionais para desativar os padrões ocultos que bloqueiam sua vida —, todo esse conhecimento, que já transformou a vida de dezenas de milhares de alunos e leitores, veio direto da Fonte, da inspiração[2]. A inspiração é uma resposta do Universo a um desejo do seu coração, do seu Atma (Alma). É claro que você precisa fazer a sua parte, entrar em ação. Afinal, Deus não faz por você, mas através de você. Sempre que agir a partir da inspiração, as coisas vão dar certo.

Durante mais de uma década, atuei como terapeuta e professora de yoga e meditação, atendendo em consultório individualmente. Em 2014, senti um chamado (uma inspiração) para compartilhar meu trabalho utilizando a internet. Em janeiro daquele ano, Nico (meu marido) e eu começamos um trabalho totalmente novo para os dois. Sem saber direito o que fazer e como fazer, nós fomos fazendo. Ao olhar para trás, consigo perceber a inspiração divina guiando as nossas decisões.

Quando começamos do absoluto zero e estávamos pensando em como ajudar as pessoas através do nosso trabalho, o Nico teve uma grande ideia, assim, do nada: uma inspiração. Lembro de ele chegar radiante e eufórico. "Já sei, já sei o que vamos fazer! O que você acha de gravar 365 dias de meditação e compartilhar gratuitamente no YouTube?". Levei dois dias para aceitar o desafio. Sim, senti muito medo, porque eu não sabia gravar vídeo, era um projeto de muito tempo, mas senti no meu coração que era isso que precisávamos fazer.

---

[2] Este conteúdo está no meu quarto livro, o *Cura da Alma*. Se você quiser conhecer todos os meus livros e ler uma degustação desse conteúdo, acesse o QR Code ao lado.

Começamos o projeto, e nada. Meus vídeos não tinham visualizações. O tempo foi passando, um mês, dois meses, parecia que não estava dando certo. No dia 129, eu estava muito mal, com gripe e cansada, e pensei em desistir. Mesmo assim, fui gravar a meditação do dia. Quando finalizei, o mal-estar tinha passado e fui até dar uma palestra à noite.

A partir daquele momento, as coisas começaram a fluir e concluímos o projeto com milhares de pessoas participando. Algo lindo, que veio da inspiração. Foi esse projeto gratuito que abriu muitas portas profissionais para a nossa empresa: conhecemos pessoas incríveis, fomos convidados para eventos e isso gerou a experiência para o nosso primeiro curso on-line. E se nós tivéssemos dito não? O que teria acontecido? Se tivéssemos bloqueado ou nem percebido essa inspiração? Não sei, mas talvez você e eu não estivéssemos aqui neste livro hoje.

Existe uma Inteligência Maior, uma força invisível que guia as nossas vidas e nos conecta, e ela fala com você, comigo e com todo mundo através da inspiração. A inspiração não vai mostrar o caminho completo ou dar todas as respostas, mas indicar a direção dos seus próximos passos, do que o seu Atma precisa, e não o que os outros lá fora acham ou querem.

Este livro é um manual sobre o verdadeiro Ho'oponopono e também veio da inspiração. Uma necessidade de compartilhar um conteúdo mais profundo e alinhado com os princípios do verdadeiro Ho'oponopono. Primeiro vieram os treinamentos presencial e on-line Atma Ho'oponopono Níveis 1 e 2, que foram um sucesso e superaram as expectativas de quantidade de alunos já na primeira turma. Agora, o processo de escrita do livro.

Quando escolhe a partir das memórias limitantes (medos, culpas, dúvidas, projeções, cobranças, comparações...), você não consegue realizar seus sonhos e manifestar a abundância. Mas, quando escolhe a partir da inspiração, que vem da conexão com o seu Atma, você é inspirado pela Inteligência Maior, que sabe o que é o melhor para você. As coisas dão certo e você se sente feliz e realizado. Isso acontece o tempo todo. Neste exato momento, você teve que fazer uma escolha: dizer sim ou não para esta leitura.

Nada acontece por acaso na sua vida. O tempo todo, você está tendo que escolher. Cada sim ou não que dá para a Vida é um passo a mais na direção da realização dos seus sonhos ou na direção oposta. O fato de não conseguirmos enxergar a conexão entre os acontecimentos da vida não significa que eles não estejam conectados. Assim como o fato de não enxergarmos a nossa conexão não significa que não estejamos ligados todos uns aos outros em um nível mais profundo de conexão.

Viver o Ho'oponopono é reconhecer que somos todos um e mudar o mundo a partir das nossas ações. Um mundo melhor começa com você sendo um ser humano melhor a cada dia. Desejo que a luz e o amor divino o inspirem a manifestar a vida de abundância e realização que sonha e merece ter.

Este livro foi criado para ajudá-lo a aplicar o conhecimento do verdadeiro Ho'oponopono na sua vida de forma simples e prática. É um manual de implementação, por isso você não irá ler e fazer todos os exercícios e técnicas de uma única vez.

Existem muitas formas de utilizar este livro e, seja qual for a maneira escolhida por você, ele vai funcionar e te ajudar. Para começar, você pode dar uma folheada geral e ver tudo o que iremos trabalhar. Se tiver dúvidas quanto a palavras e nomenclaturas, fique tranquilo, pois no final deste livro preparei um glossário que vai te ajudar.

O livro está organizado em duas partes:

PARTE 1 — *O Atma Ho'oponopono*

Esta é a parte da teoria, na qual eu compartilho com você conceitos e conhecimentos que são a base do verdadeiro Ho'oponopono. É o que vai trazer sentido para a segunda parte.

Atma é uma palavra em Sânscrito que significa Alma, Essência. Por isso, às vezes, falo em "Verdadeiro Ho'oponopono", às vezes, em "Atma Ho'oponopono". É a mesma coisa, combinado?

Esta primeira parte pode ser lida em uma única vez, se você gosta de mergulhar com intensidade na leitura.

PARTE 2 — *A Sua Transformação*

Esta á a parte de aprofundamento e prática. Aqui eu ajudo você a aplicar o Atma Ho'oponopono para melhorar sua saúde, relacionamentos e ter mais realização profissional e prosperidade. Você irá encontrar exercícios poderosos e técnicas para limpar as memórias limitantes que estão travando a sua vida e também os conceitos mais avançados do verdadeiro Ho'oponopono.

A sugestão é que você leia a Parte 2 aos poucos, com calma, fazendo os exercícios e técnicas, repetindo os que sentir necessidade. Este livro é um manual de implementação, em que a prática e a teoria são igualmente importantes. Por isso, leia com calma e confie no processo, se permita ser guiado neste caminho de volta para a sua essência.

Eu recomendo que leia a parte da teoria antes de seguir para a parte da sua transformação prática. Mas, é claro, você possui um poder único chamado livre-arbítrio. Então, lembre-se sempre que a decisão e a escolha serão sempre suas.

Se em algum momento, você não conseguir entender algum conceito, acalme-se. Continue os seus estudos que ao final tudo irá fazer sentido. Fique atento às pequenas e sutis transformações que irão surgir durante a leitura. Pequenas mudanças geram grandes resultados. E, se geram grandes resultados, deixam de ser pequenas, você concorda comigo? Não subestime mais os "pequenos" resultados, as "pequenas" vitórias que você sente no dia a dia. Quando se estuda e pratica H.A.D. (hoje, amanhã e depois), o pequeno se torna maravilhosamente imenso!

Em qualquer momento da sua leitura, vou amar conhecer os seus bastidores e resultados. Faça um story no seu Instagram e me marque (@amandaldreher), para que eu possa acompanhar a sua evolução. Estou vibrando por você!

Ah, e você pode, deve e merece ler este livro quantas vezes quiser. A cada nova leitura, irá ter insights e inspirações diferentes.

Pequenas mudanças geram

GRANDES RESULTADOS.

E, se geram grandes resultados, **deixam de ser pequenas,**

você concorda comigo?

@amandaldreher

PARTE 1

O Verdadeiro
HO'OPONOPONO

O VERDADEIRO
Ho'oponopono

HO'OPONOPONO

é um processo havaiano ancestral para resolver problemas e retornar ao estado de paz interior e harmonia.

HO'O
causa ou fazer

+

PONOPONO
perfeição ou certo

HO'OPONOPONO
"corrigir um erro" ou "fazer o certo do jeito certo"

Os problemas e desafios que você enfrenta na sua vida têm origem nas memórias limitantes do passado que estão armazenadas na sua mente subconsciente, causando dores, doenças e desequilíbrio em todas as áreas da vida.

O verdadeiro Ho'oponopono é justamente um método de purificação e limpeza das memórias de dor, medos, preocupações, padrões de comportamento e qualquer tipo de pensamento e sentimento que bloqueiam sua vida. Ele é também uma maneira simples de você atingir a unidade e a paz interior, de voltar a viver em harmonia com você mesmo e com todo o Universo. Trata-se de um método de resolução de problemas, em que todo o processo é realizado dentro de você mesmo, por isso, pode ser considerada uma poderosa ferramenta de autocura.

Em resumo: o verdadeiro Ho'oponopono é sobre se libertar, se perdoar e se amar de verdade. É entender que nem sempre o resultado que o Ho'oponopono trará é exatamente aquele que você está buscando. É limpar as memórias limitantes e, assim, se reconectar com a verdade da sua Alma e retornar ao estado perfeito, sendo um canal da luz.

Também é muito mais do que uma simples técnica ou mantra que você aplica. Se trata de uma nova forma de ver e entender a si mesmo, aos outros e a vida. O verdadeiro Ho'oponopono não é focado em objetivos ou resultados, e sim na conexão com o seu Atma, sua consciência infinita e ilimitada, que o Ho'oponopono chama de *Aumakua*.

Você é uma consciência infinita e ilimitada vivendo uma experiência material. Não é o seu corpo físico; possui um corpo físico. Não é a sua mente, tampouco seus pensamentos ou sentimentos; possui uma mente. Você é uma energia, uma consciência infinita, uma Alma; você é o Atma! Atma é uma palavra sânscrita que significa Alma, Espírito, Consciência Infinita e Ilimitada, o seu Eu Superior, sua Centelha Divina; o Eu Sou; a parte do seu ser que é eterna e indivisível, a sua essência. É você como essência divina.

Foi por isso que quando senti o chamado para aprofundar o verdadeiro Ho'oponopono desenvolvendo novas ferramentas de limpeza das memórias, que respeitam todos os princípios originais, decidi chamá-lo de "Atma Ho'oponopo®". Que hoje é um sistema terapêutico registrado que já transformou a vida de milhares de alunos.

Praticar Ho'oponopono é lembrar do ser perfeito e iluminado que você já é. É lembrar que você é uma extensão do Divino Criador, logo, as outras pessoas também o são. Assim como você é perfeito e iluminado, cada ser humano é perfeito e iluminado. Você começa a ver o mundo como uma unidade: Você é um com o Criador e é um com o Todo. Esse é o verdadeiro Ho'oponopono: "reconhecer que somos todos um". **Por isso, sempre que tem um sentimento negativo, de crítica ou raiva, em relação a você mesmo ou outra pessoa, na verdade está tendo esse sentimento em relação ao Divino Criador.**

Ho'oponopono envolve mudar a sua percepção do que é real e expandir sua consciência através do perdão e do amor. Sempre que se esquece de que você é o Atma, você ilusoriamente se identifica com o corpo ou a mente e, assim, se desalinha do fluxo da abundância do Universo e experimenta dor e sofrimento. **Para o Ho'oponopono, tais experiências não são uma forma de punição do Universo: são um chamado para você se reconectar com o seu Atma e voltar a ser um canal da luz.**

O verdadeiro Ho'oponopono é justamente um processo de limpar as memórias de dor e padrões que bloqueiam a conexão com o seu Atma, a sua luz. Quando você se liberta dessas memórias, se torna iluminado, ou seja, você é capaz de receber da Fonte (Divindade) as informações e inspirações que são certas e perfeitas para você. É neste momento que você se sente feliz, realizado e completo e, para isso, não precisa fazer nada além de ser você mesmo.

O mais importante é que Ho'oponopono é prática (*Ho'o* = fazer), é o amor em ação. E a prática do Ho'oponopono não é somente algo que você aplica durante cinco ou dez minutos enquanto repete um mantra, oração ou meditação. É, sim, algo que aplica em cada pensamento, sentimento, escolha e ação.

O verdadeiro Atma Ho'oponopono não tem nada de místico, de zen ou religioso — ele é livre. Qualquer pessoa, independentemente da sua crença religiosa, pode praticá-lo. Para isso, você precisa acreditar que existe um Deus, uma Inteligência Maior, não importa o nome pelo qual chame essa Força Maior, e, também, precisa acreditar que você não é apenas um corpo, mas uma Alma que temporariamente possui um corpo.

Este livro é um manual para praticar o verdadeiro Ho'oponopono, do seu jeito, no seu ritmo, respeitando os princípios desta filosofia milenar havaiana. Sem necessidade de mestres ou gurus, porque você é o Atma e tem 100% de poder, e é 100% responsável pelos milagres em sua vida.

O QUE NÃO É
Ho'oponopono

Nos últimos anos, o Ho'oponopono ganhou popularidade na internet, mas nem tudo o que é ali compartilhado respeita os princípios desta filosofia milenar. Ho'oponopono não é um tipo de *fast-food* espiritual, tampouco uma técnica para fazer um pedido e ser servido instantaneamente. Deus (o Universo, a Consciência) não é um anotador de ordens.

Não é algo que você faz para atingir um objetivo: ganhar na loteria, conquistar a pessoa amada ou qualquer outra forma de desejo ou meta para chegar a algum lugar. Você faz o Ho'oponopono para limpar as memórias presentes em você e que estão impedindo que tenha a vida perfeita de saúde e de abundância. Não é uma fórmula mágica que resolve todos os seus problemas para sempre. Não é apenas repetir mecanicamente "Sinto muito. Me perdoe. Eu te amo. Sou grato," como um papagaio, sem saber por que ou para quem repete (já vou explicar o real significado destas quatro frases).

O processo do verdadeiro Ho'oponopono não envolve resultados instantâneos, **porque o seu foco é alcançar a paz interior**. O Ho'oponopono não é uma religião, mas uma filosofia livre que pode ser praticada por qualquer pessoa que deseje fazer o bem e evoluir.

QUAL É A ORIGEM DO *Ho'oponopono*

Não fui eu, Amanda Dreher, quem criou o Ho'oponopono, assim como ele também não foi criado pela Morrnah ou pelo Dr. Hew Len, que ficou famoso por curar uma ala de um hospital psiquiátrico utilizando o processo do Ho'oponopono sem nunca ter se encontrado fisicamente com nenhum dos pacientes.

O Ho'oponopono é um sistema de cura e uma filosofia ancestral e sua origem remonta a milhares de anos, talvez à época da Atlântida, da Lemúria e da civilização védica. Ele faz parte de um antigo conhecimento havaiano chamado Huna, cujos guardiões eram conhecidos como Kahunas. Durante muito tempo, o conhecimento do Ho'oponopono foi um processo de cura conduzido por um sacerdote ou curador, que era o guardião do conhecimento.

Na década de 50, a anciã havaiana Mary Kawena Pukui (1895–1986) apresentou o Ho'oponopono como uma técnica de resolução de problemas e conflitos familiares, em que todos os envolvidos examinavam seus sentimentos na presença de um mediador. Em 1970, a Kahuna Morrnah Nalamaku Simeona (1913–1992) decidiu compartilhar este conhecimento com o mundo. Ela atualizou e modernizou o antigo Ho'oponopono Huna e apresentou ao mundo o Ho'oponopono da Identidade Própria, tornando-o, assim, um sistema de autocura, sem necessidade de intermediador. Foi Morrnah que introduziu os seis princípios do Ho'oponopono e escreveu a Oração Original e a Prece da Purificação (que você encontra em diversos sites na internet). Morrnah sempre dizia: "A paz começa comigo". Ela acreditava que cada um de nós está aqui para trazer a paz para a nossa própria vida e, quando fazemos isso, acabamos trazendo paz para tudo que está à nossa volta.

Em 1982, o Dr. Ihaleakala Hew Len, PhD (1939–2022), que foi aluno de Morrnah, ajudou a compartilhar este conhecimento através de seminários e também ao escrever junto com Joe Vitale o livro *Limite Zero*, em 2007. O Dr. Hew Len (PhD) teve uma história engraçada e interessante com o Ho'oponopono. Na primeira vez que foi assistir a um seminário sobre Ho'oponopono (de Morrnah Nalamaku Simeona), foi embora no meio dele, porque achou uma maluquice. Mas aquilo ficou na sua cabeça e ele resolveu se inscrever em um novo seminário. Abriu o coração para o Ho'oponopono e conseguiu entender a profundidade desta sabedoria ancestral.

Depois, o Dr. Hew Len acabou sendo convidado para conduzir seminários e atuou ativamente para difundir este conhecimento, assumindo inclusive a liderança do The Foundation of I (Fundação do Eu), em 1996, após a morte de Morrnah Simeona. Essa história mostra como são às vezes os nossos processos: "brigamos racionalmente" com as coisas, rejeitando os conhecimentos mais profundos que falam para a Alma. Vamos agora entender em detalhes como funciona o processo do Ho'oponopono.

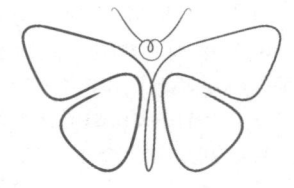

MEMÓRIAS X *Inspiração*

Para o verdadeiro Ho'oponopono, existem apenas duas formas de viver a vida: a partir das memórias limitantes ou da inspiração da Alma. Se hoje você sente que alguma área da sua vida está travada ou não consegue se sentir feliz e realizado, é porque existe uma memória limitante bloqueando você.

MEMÓRIAS LIMITANTES	INSPIRAÇÃO DA ALMA
Muito esforço e pouco resultado.	As coisas dão certo para você.
Situações cíclicas e problemas que se repetem.	Novas oportunidades surgem e a vida te surpreende positivamente.
Cansaço e falta de energia.	Energia e motivação.
Sentimento de solidão e desencaixe, as outras pessoas não te entendem.	Sentimento de realização: você se sente conectado ao Todo.
Intenção e controle em excesso.	Confiança e entrega.

Você nasceu iluminado! Sim, você é luz. É o Atma — Alma, Aumakua, uma extensão do Divino Criador; é Deus em ação. Mas, ao desenvolver os seus cinco sentidos e se identificar com a vida na matéria, você acabou se esquecendo e se afastando da sua luz, da sua essência divina. Pense agora em um bebê com poucos meses de vida, tão pequeno e frágil, com olhos brilhantes. É impossível não se encantar com esse ser iluminado. É exatamente isso que acontece: o bebê ainda está totalmente iluminado. Ao olhar para ele, você sorri e seu coração se enche de ternura e amor, porque percebe Deus ali.

Diversas tradições espirituais explicam que, no momento do nascimento e da morte, existe uma conexão com o Divino muito intensa e profunda. Justamente por isso, nestes momentos únicos, conseguimos reconhecer a presença do Divino.

A vida vai acontecendo, o bebê vai desenvolvendo seus cinco sentidos e se identificando com a vida na matéria: sente fome, frio, calor, medo, amor, tristeza, alegria… A experiência da vida traz inúmeros desafios e, assim, ele começa a criar e compartilhar memórias limitantes (registros inconscientes de feridas emocionais) que determinam suas ações, escolhas e resultados, e o pior, bloqueiam a sua luz.

Pode-se dizer também que as memórias são registros energéticos das experiências de dor e sofrimento do passado, armazenadas na mente subconsciente. Uma situação desafiadora surge (um problema), gera uma ferida emocional em você (medo, culpa, raiva) e sua mente a armazena na forma de uma memória de dor.

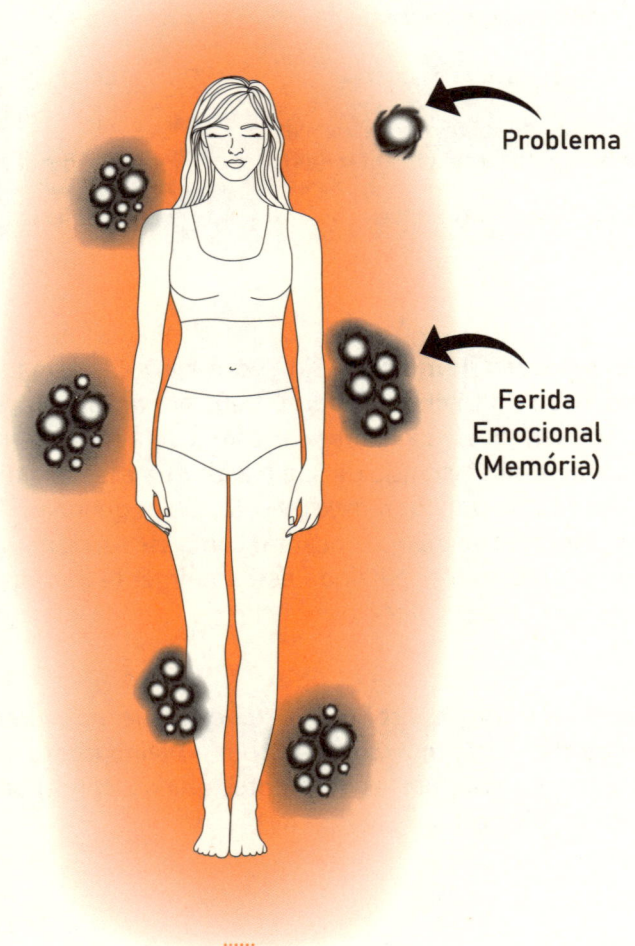

Problema

Ferida Emocional (Memória)

No meu 4º livro, *Cura da Alma*, eu chamo essas memórias limitantes de padrões ocultos, porque uma vez que você possui uma determinada memória instalada na sua mente e cérebro, ela cria um padrão de repetição. Basta que uma "situação gatilho" aconteça para que ele determine a forma como você se sente, suas escolhas e comportamento.

As memórias são uma espécie de programação automática e inconsciente fazendo você criar uma vida na qual as coisas não dão certo para você: apesar do enorme esforço, você não consegue manifestar a felicidade e realização que sonha e merece ter. Elas são como nuvens no céu que ocultam a luz do Sol: a vida vai acontecendo, surgem problemas e desafios… e mais e mais nuvens vão surgindo no céu, o tempo vai ficando carregado até que fecha completamente. O Ho'oponopono chama isso de problema.

Quando você tem um problema, seja uma crise financeira, uma briga em um relacionamento, uma insatisfação profissional, uma dor ou doença física, não importa qual seja — para o Ho'oponopono, são apenas memórias atuando. Mais: essas memórias podem ser de dois tipos: criadas ou compartilhadas.

Memórias criadas são lembranças de situações de dor e sofrimento que você viveu nesta vida ou em existências passadas. Já as memórias compartilhadas são ligações energéticas com outras pessoas, através dos cordões relacionais, que o Ho'oponopono chama de *Cordas Aka*: laços energéticos que nos conectam uns aos outros.

A verdade é incontestável: em algum nível, estamos todos conectados compartilhando pensamentos, sentimentos e informações através do campo morfogenético. Essas memórias compartilhadas podem envolver a sua ancestralidade (pais, avós, bisavós etc.), com quem você possui uma conexão genética, energética e espiritual. Às vezes, você não passou por uma situação de rejeição, mas sua mãe carrega a memória e, sem saber, a compartilha com você. Você não passou por um fracasso profissional, mas seu avô carregava a memória e agora ela é dividida com você.

Além disso, podem existir memórias compartilhadas com outras pessoas com quem você estabelece um relacionamento. Quanto mais íntimo e de maior duração for o relacionamento, maior a quantidade de memórias compartilhadas através dos cordões relacionais (Cordas Aka).

Fique tranquilo.
Vou retomar e aprofundar isso mais adiante, combinado?

Todas as lembranças não vividas a partir do amor e do entendimento ficam armazenadas na mente subconsciente e continuam a se manifestar na sua realidade na forma de memórias limitantes e padrões de comportamento. Sempre que uma memória se manifesta na forma de um problema, é uma oportunidade da Divindade para limpar e liberar esta memória e, assim, curar a sua vida.

Por isso quando você reconhece (sente) uma memória, a sua tarefa é purificá-la. Como fazer isso? As técnicas do Ho'oponopono aplicadas da forma correta irão fazer este processo de limpeza e purificação. O verdadeiro Ho'oponopono é um processo de solução de problemas e, para isso, vai limpar e purificar as memórias que estão bloqueando a sua luz, para que você retorne ao estado perfeito.

Quando você limpa as memórias, volta a ser inspirado pela luz, pelo Divino Criador — e aí manifesta a vida de felicidade, saúde e realizações que sonha e merece ter. Viver a partir da inspiração é ter liberdade para ser quem é de verdade, livre de expectativas, julgamentos e comparações. A inspiração nos liberta das memórias limitantes do passado para viver o presente e ser feliz agora. A única hora é agora, porque agora é a única hora.

Afirme junto comigo: "Eu sou o Atma!" — feche os seus olhos por um instante, respire devagar, coloque sua mão no coração e repita mais uma vez: "Eu sou o Atma!". Lembre-se agora da grandeza da sua Alma, do ser incrível e extraordinário que você já é. Porque...

"O seu Atma é grande demais para você ser pequeno."

História: A Divindade Escondida

Uma antiga lenda hindu conta que existia um tempo em que todos os homens possuíam poderes divinos. Mas eles abusaram tanto da sua divindade que o grande deus Brahma decidiu tirar seus poderes divinos e, para isso, tomou a decisão de escondê-los em um lugar onde seria impossível encontrá-los.

O deus Brahma convocou uma reunião com todos os deuses para que te ajudassem a encontrar o melhor esconderijo. Um deles falou: "Já sei, vamos enterrar a divindade dos homens". Brahma pensou e respondeu: "Não, é muito fácil. Logo o homem irá cavar e encontrar".

Um outro sugeriu: "Vamos jogar a divindade dos homens nas profundezas do oceano." Brahma respondeu: "Não, porque vai chegar um momento que o homem irá explorar a profundeza de todos os oceanos e assim irá encontrá-la".

Desconcertados, os deuses continuaram pensando e pensando. Até que um deles disse: "Então, só nos resta o céu. Vamos esconder a divindade do homem na Lua". Brahma voltou a negar explicando que chegará um dia em que o homem percorrerá o céu, chegará até a Lua e assim encontrará a divindade.

Os deuses chegaram à conclusão de que não existia lugar algum em que fosse possível esconder a divindade do homem. Mas Brahma continuou pensando e falou: "Já sei o que faremos. Vamos escondê-la nas profundezas do seu ser, porque é o único lugar em que ele não irá procurar."

Desde então, o homem percorreu a Terra, escalou, cavou, mergulhou, explorou a Lua, sempre em busca de algo que só pode ser encontrado no seu interior. O verdadeiro Ho'oponopono é justamente este caminho de volta para casa, para se reconectar com o Divino que está em você.

A impressionante História do Dr. Hew Len

Uma das histórias mais impressionantes sobre o Ho'oponopono e que vale a pena ser compartilhada aqui é sobre como o Dr. Hew Len aplicou o Ho'oponopono durante o seu trabalho no Hawaii State Hospital. Ele trabalhou lá durante três anos, com criminosos portadores de doenças mentais. Era uma ala do hospital muito perigosa, em que os funcionários faltavam muito por motivo de doença ou logo pediam demissão.

O mais impressionante é que o Dr. Hew Len nunca encontrou nenhum dos seus pacientes. Sim, exatamente isso. O que ele fazia era limpar as memórias de dor com Ho'oponopono. Dr. Hew Len explica que ele limpava as memórias que compartilhava com cada um dos pacientes.

Se você deseja ajudar ou curar alguém, faz isso curando a parte de você que contribuiu com aquele problema. Por isso, mesmo quando quer ajudar outra pessoa com o Ho'oponopono, você nunca o faz para limpar ou curar a outra pessoa, e sim para limpar e curar as memórias que estão em você.

Eu sei que parece estranho e até difícil de entender. Mas o Ho'oponopono é sobre você ser 100% responsável; e tudo na sua vida, pelo simples fato de entrar na sua vida, é sua responsabilidade. O problema nunca está no outro ou fora. Está sempre dentro de você, nas memórias que inconscientemente carrega.

"O problema não está neles, está em você! Para mudá-lo, você é quem tem de mudar. Colocar a culpa em outra pessoa é muito mais fácil que assumir a total responsabilidade." (Dr. Hew Len)

Depois de alguns meses de trabalho com o Ho'oponopono, os pacientes começaram a melhorar, ter redução de medicação e muitos começaram a receber alta. A equipe parou de faltar e começou a gostar de ir trabalhar.

Em 1987, quando o Dr. Hew Len encerrou o seu trabalho no hospital psiquiátrico, a situação era a seguinte: as celas de isolamento e algemas não eram mais utilizadas, os atos de violência eram raros e aconteciam geralmente com novos pacientes. Os internos se tornaram responsáveis pelos seus cuidados pessoais e pela organização do alojamento.

Esta história contém a essência do verdadeiro Ho'oponopono, sobre sermos 100% responsáveis por tudo que acontece em nossas vidas. E mais, sobre a responsabilidade de cada um no seu próprio processo de cura, de limpar as memórias para voltar a se conectar com o Atma e ser inspirado pelo Divino Criador.

OS SEIS PRINCÍPIOS DO *Ho'oponopono*

1º O Universo físico é uma manifestação dos meus pensamentos.

2º Se meus pensamentos são destrutivos, eles criam uma realidade física destrutiva.

3º Se meus pensamentos são perfeitos, eles criam uma realidade física repleta de amor.

4º Eu sou 100% responsável por criar a minha realidade física e material do jeito que ela é.

5º Eu sou 100% responsável por corrigir os pensamentos destrutivos que criam a minha realidade.

6º Não existe o lá fora. Tudo existe como pensamentos em minha mente.

Os seis princípios são a essência desta filosofia de vida ancestral e garantem a continuidade e a integridade de todo o processo. Por isso, é muito importante que sejam respeitados. O mais incrível é que esses mesmos princípios estão presentes em outras tradições espirituais, comprovando que diferentes filosofias e até mesmo a ciência apenas se utilizam de terminologias diferentes para explicar um mesmo assunto.

Os seis princípios do Ho'oponopono não são uma teoria em que decide acreditar, mas um direcionamento de como você o aplica na prática.

1º Princípio
"O Universo físico é uma manifestação dos meus pensamentos."

O primeiro princípio do Ho'oponopono explica o poder que cada ser humano possui de criar a sua própria realidade através dos seus pensamentos e sentimentos. Ele contém a essência do que hoje chamamos popularmente de Lei da Atração!

Lá pelos anos de 2007, 2008, este conhecimento sobre o poder da mente de criar a sua realidade teve um grande boom com o documentário *O Segredo*[3], de Rhonda Byrne. Na época, a pergunta que eu fazia e para a qual não encontrava resposta era: se sou um criador da minha realidade, por que penso positivo, faço quadro de visualização dos sonhos e mesmo assim não consigo ter a vida que desejo? Como é possível que uma pessoa crie um acidente ou qualquer tipo de situação de dor em sua vida? Se você já fez essas perguntas, ou algo parecido, agora vai encontrar as respostas.

Esse documentário teve uma grande contribuição para despertar uma nova perspectiva sobre a vida e o poder que cada ser humano possui de criar uma realidade de abundância ou de escassez. Com a evolução do conhecimento e as descobertas da ciência moderna, hoje já sabemos muito mais e, inclusive, a física quântica mais moderna já comprovou que tudo o que existe é energia.

Na verdade, este é um conhecimento que grandes filósofos e mestres da antiguidade já dominavam, tanto é que o primeiro princípio do verdadeiro Ho'oponopono está presente em diferentes tradições espirituais e filosóficas, cada uma abordando o mesmo princípio apenas com palavras diferentes, mas remetendo sempre para um mesmo e unificado conceito.

Você pode reconhecer o primeiro princípio na primeira das sete Leis Universais de Hermes Trismegisto (antigo Egito), a Lei do Mentalismo: "O Todo é Mente, o Universo é mental." Inclusive, o livro O Caibalion afirma que aquele que estudar esse princípio universal poderá também aplicá-lo para

---

[3]O SEGREDO; Direção: Drew Heriot. Produção: Prime Time Productions. Austrália/Estados Unidos: Art House Movies, 2006.

dominar a sua própria realidade. O poder da mente agiria como uma "chave-mestra" que pode, portanto, "abrir as diversas portas do templo psíquico e mental do conhecimento" de modo que se alcance a iluminação, o domínio de si mesmo e, consequentemente, a felicidade.

Tal princípio também encontra correspondência na filosofia de Platão (340 a.C.), ao explicar que toda criação acontece primeiro no mundo das ideias: este livro, esta cadeira, este computador, antes de serem objetos físicos e materiais, eram uma ideia na mente de alguém.

O físico Fritjof Capra explica a impossibilidade de as coisas nascerem de um plano caótico sem antes terem vindo de um plano mental, afirmando que não existe obra do acaso e, sim, que as coisas se manifestam e evoluem de forma ordenada para estados cada vez mais complexos.

O grande milagre do Ho'oponopono acontece quando você muda sua percepção da realidade: deixando de ver a vida e o Universo como algo material e sólido e passando a entender a vida a partir da energia.

"Se você quer descobrir o segredo do Universo, pense em termos de energia, frequência e vibração." (Nikola Tesla)

Todo o Universo possui um campo eletromagnético, e você, como parte deste Universo, também possui o seu próprio campo.

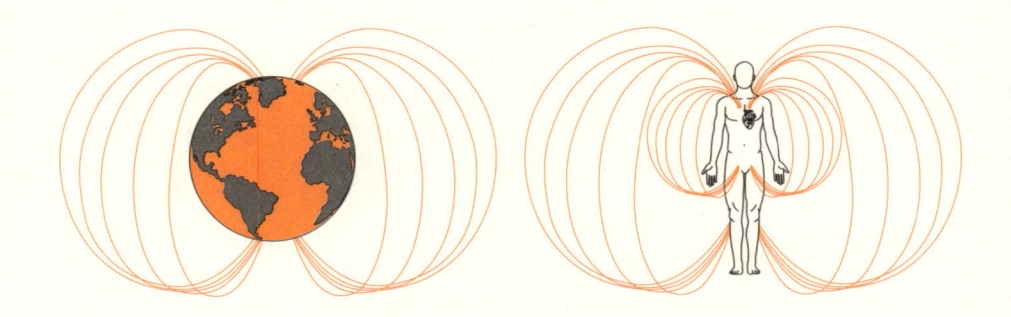

---

[4] INICIADOS, Três. *O caibalion: estudo de filosofia hermética do antigo Egito e da Grécia*. 2. ed. Tradução Rosabis Camaysar. São Paulo. Editora Pensamento Cultrix, 2021. Título original: *The kybalion: a study of the hermetic philosophy of ancient Egypt and Greece*.

Sabe um ímã? Não é incrível como ele aproxima tudo pelo magnetismo? Pois é; pense no Universo e em você como um grande ímã. Um campo eletromagnético possui uma força elétrica (de impulsão) e uma força magnética (de atração), emitindo uma vibração. São os seus pensamentos e sentimentos que determinam a qualidade da sua vibração, positiva ou negativa. Você irá manifestar (ou atrair) na sua vida tudo o que estiver na sua mesma vibração. Isso acontece pelo princípio que a física chama de ressonância.

Se tiver pensamentos e sentimentos de amor, gratidão e alegria, irá gerar um campo eletromagnético com uma vibração positiva. Logo, irá manifestar coisas positivas, felicidade e realização. Se os seus pensamentos e sentimentos forem de medo, crítica e reclamação, irá gerar um campo eletromagnético com uma vibração negativa e, assim, manifestar coisas negativas, escassez e insatisfação.

O Dr. Joe Dispenza explica que "A única forma de conseguirmos alterar as nossas vidas é alterando a nossa energia — mudar o campo eletromagnético que emitimos constantemente. Por outras palavras, para mudar o nosso estado de ser, temos que mudar a forma como pensamos e sentimos.". Preste atenção em um detalhe na afirmação anterior: "constantemente"! Esse é o "pulo do gato" que muitas vezes é ignorado.

> *"Você não é o que faz apenas uma vez; você é o que faz repetidamente H.A.D. (hoje, amanhã e depois)."*

Por isso, querido leitor, não adianta repetir as poderosas frases do Ho'oponopono durante dez minutos todos os dias e depois, no restante do dia, reclamar, criticar, se culpar ou se vitimizar. Ho'oponopono é uma filosofia de vida, e não algo que você faz em um momento isolado.

Agora, vamos para mais um detalhe importante. O primeiro princípio significa que o Universo físico é uma manifestação da sua mente. A mente é um campo de energia formado pelos pensamentos e sentimentos, a mente consciente (Uhane — mãe) é responsável pelos pensamentos, enquanto a mente subconsciente (Unihipili — a criança) é responsável pelos sentimentos e emoções. Os pensamentos estão associados ao cérebro e os sentimentos, ao coração.

Me diz se isso já aconteceu com você: você ouviu ou falou algo do tipo *"você deve parar de pensar tanto com a mente (cérebro) e sentir mais com o coração"*. Ou quando vai falar de um sentimento com alguém, instintivamente, coloca a sua mão no coração. Ou, ainda, quando fala *"hum, deixa eu pensar"*, você coloca a mão na cabeça.

O mais incrível é que o Instituto Heart Math descobriu que o coração (sentimentos) é cerca de 100 vezes mais forte eletricamente e 5 mil vezes mais forte magneticamente do que o cérebro (pensamentos). O que isso quer dizer? Não importa tanto o que você pensa, mas sim o que sente! Em outras palavras: não adianta pensar positivo se você não sentir positivo.

Por isso, não adianta dizer *"muito obrigado"* se você não sentir gratidão com o coração. Não adianta repetir "Sinto muito. Me perdoe. Te amo. Sou grato", se você não sentir cada uma dessas frases no seu coração. Assim como de nada vale fazer cada vez mais coisas, se esforçar cada vez mais, se não tiver um sentimento positivo por trás da ação. É por isso que muitas vezes não entendemos: *"por que me esforço tanto e não consigo ter resultado?"*. Porque não é questão de esforço, e sim de vibração.

Vou dar um exemplo: você quer uma promoção no trabalho. Se esforça ao máximo, faz hora extra e tudo mais. Mas quando está fazendo a hora extra, sua mente dispara uma sequência de pensamentos e sentimentos automáticos e inconscientes (ou seja, que você não percebe): *"detesto estar aqui fazendo hora extra, estou tão cansado, não aguento mais... mas preciso aguentar, espero que desta vez meu esforço seja reconhecido."*

"Quanto maior a tensão emocional, menor a atração vibracional."

A Lei da Atração, que na verdade é a Lei da Vibração, não responde ao que você pensa ou faz, mas sim ao que você sente. É por não entenderem tudo isso que muitas pessoas ficam frustradas e não acreditam na Lei da Atração. Porque ainda creem que é sobre pensar positivo, visualizar coisas positivas, mas não descobriram que o grande poder está no sentimento.

Eu sei que controlar os sentimentos é um grande desafio. Você não quer sentir medo, raiva ou tristeza, mas sente. Por que isso acontece? Porque você carrega memórias! Sim! As memórias limitantes e padrões ocultos que estão armazenados na sua mente subconsciente e trabalham silenciosamente, 24 horas por dia. São as memórias impedindo você de ter a vida de realizações, prosperidade, saúde e felicidade que tanto deseja. Tudo o que precisa fazer é limpá-las para permitir que a inspiração divina, que é puro amor, volte a fluir em você e na sua vida.

Por isso o Ho'oponopono é tão poderoso, e mesmo não focando em realizar metas e objetivos, ele irá te permitir manifestar uma nova realidade. Ao limpar as memórias, você muda a sua vibração. Ao mudar a sua vibração, muda a sua vida.

Para concluir o primeiro princípio, compartilho a seguir uma história que Morrnah costumava contar:

História: Você é um pote de luz

VOCÊ É UM POTE DE LUZ!

Toda criança, ao nascer, é um perfeito pote de luz que ilumina tudo ao seu redor. Se a criança cuida bem do seu pote, essa luz cresce e se intensifica, permitindo que ela manifeste uma vida de abundância, felicidade e realização.

Porém, a vida vai acontecendo e surgem problemas, desafios, dificuldades. Esta criança precisa enfrentar medos, dúvidas, irritações, mágoas, frustrações. Em muitos momentos, ela se sente sozinha e ferida emocionalmente. Essas feridas emocionais ficam guardadas no seu coração como uma memória de dor. Tais memórias são como pedrinhas que vão caindo no fundo do pote. Com o passar do tempo, as pedrinhas vão acumulando e acabam escondendo a luz. A criança, então, começa a acreditar que ela é todas essas pedras e se esquece de que é luz.

Com o seu pote cheio de pedras, ela pede que a Divindade a ajude a manifestar prosperidade, felicidade, saúde; que a luz da abundância divina volte a brilhar em sua vida. Mas a luz e as pedras não podem ocupar o mesmo lugar. Tudo o que ela precisa fazer é virar o pote e esvaziá-lo. Porque a luz nunca desapareceu: apenas estava escondida embaixo das pedras. Ao limpar as memórias com o Ho'oponopono, você abre espaço para que a inspiração divina ilumine a sua vida. Vivemos em um universo abundante, e Deus (a Fonte Divina) quer que desfrutemos dessa abundância e perfeição.

2º Princípio
"Se os meus pensamentos são destrutivos, eles criam uma realidade física destrutiva."

3º Princípio
"Se os meus pensamentos são perfeitos, eles criam uma realidade física repleta de amor."

O segundo e terceiro princípios do Ho'oponopono são um aprofundamento e um reforço do primeiro princípio, por isso, vamos avançar no nosso conhecimento. Hoje, a mais moderna ciência já descobriu que os seus pensamentos causam reações bioquímicas no cérebro, que libera sinais químicos no seu corpo, os quais fazem com que você se sinta exatamente da forma do seu pensamento.

A forma como seu corpo se sente irá determinar suas escolhas, comportamentos, ações e, logo, os seus resultados. Tudo tem a ver com a maneira como se sente. Cada decisão que você toma se relaciona com isso, com o seu nível de energia e vibração naquele momento.

Quando é capaz de criar um estado de mente serena e coerente, em que pensamentos, sentimentos e ações estão alinhados em uma frequência positiva elevada, você se torna capaz de manifestar milagres em sua vida. Quando sua mente está carregada de memórias e você sente medo, culpa, tristeza, frustração, raiva, irritação, cansaço, dúvida, preocupação, mágoa, irá atrair pessoas e situações que estão na mesma vibração. Quando limpa as memórias e volta a se conectar com o Atma e a Fonte Divina, você é inspirado pelo amor e passa a atrair pessoas e situações nessa nova vibração.

O amor é a energia mais poderosa que existe. A gratidão, a alegria, o perdão, a esperança, o entusiasmo são expressões do amor. O incrível livro *Um Curso em Milagres*[5] afirma que "(...) só o amor perfeito existe. Se há medo, ele produz um estado que não existe".

Agora, mais um *insight*: você não se sente mal porque tem um trabalho que não gosta ou um relacionamento em que não é valorizado. Você tem um trabalho que não gosta e um relacionamento em que não é valorizado porque se sente mal. Se não entendeu, faça uma pausa, respire e leia de novo.

---

[5] SCHUCMAN, Helen. *Um curso em milagres*. Tradução P&C Associados. Rio de Janeiro. Prestígio Editorial, 2011. Título original: *A course in miracles*

Entender isso de verdade será um divisor de águas na sua vida.

Por isso, quando vive a partir das memórias, você cria uma realidade de escassez, em que não consegue se sentir feliz. Agora, quando vive a partir da inspiração, você manifesta uma vida de felicidade, abundância e realização.

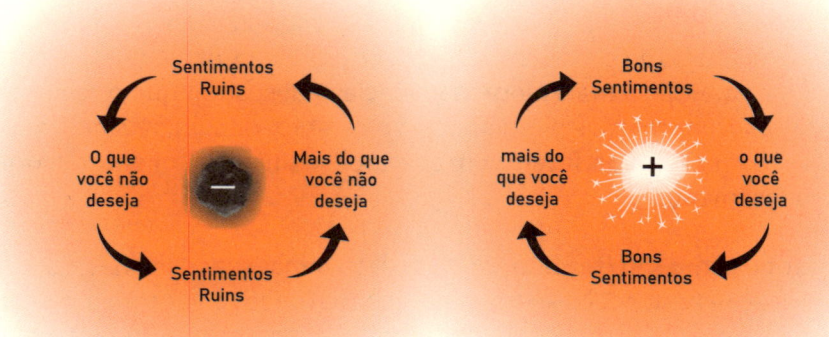

Ciclo negativo:
- Sentimentos Ruins → O que você não deseja → Sentimentos Ruins → Mais do que você não deseja

Ciclo positivo:
- Bons Sentimentos → mais do que você deseja → Bons Sentimentos → o que você deseja

Um ponto muito importante é que estamos falando de sentimentos e memórias, que fazem parte da mente subconsciente, e, na maior parte do tempo, não temos consciência do que está acontecendo. Eu lembro de um atendimento terapêutico que fiz há muito tempo, em que a minha consultante tinha certeza de que era uma pessoa totalmente positiva, e simplesmente não entendia por que não conseguia destravar a vida profissional, já que era tão dedicada e comprometida. Mas ela não conseguia perceber que se sentia cansada com a sobrecarga de trabalho, estava frustrada porque o chefe não valorizava o esforço dela, culpava o trabalho por não ter tempo suficiente para cuidar da família, entre outras coisas.

Ela pensava positivo: "eu quero e mereço um trabalho melhor"; mas o seu sentimento era de frustração, desânimo, culpa. E o sentimento possui uma força eletromagnética superior ao pensamento; ele sempre vai ganhar. Tudo isso acontecia dentro dela e ela não percebia. Esses sentimentos negativos têm origem nas memórias inconscientes que estão na mente subconsciente. Estar inconsciente do inconsciente é o que bloqueia qualquer processo de cura, mudança e evolução

"Mudar um sentimento é mudar um destino" (Neville Goddard)

Além disso, em relação a cada área da vida, você emite uma vibração diferente. Por exemplo: você pode se sentir preocupado em relação ao dinheiro, grato em relação à sua saúde, irritado no seu relacionamento romântico, empolgado com seu trabalho... e cada um desses aspectos determina as experiências que irá manifestar.

Praticar o verdadeiro Ho'oponopono é um ato de humildade, em que você se permite olhar para tudo que está guardado no mais profundo do seu coração, sem culpas e arrependimentos, perdoando e liberando cada memória, abrindo espaço para o amor trazer a inspiração. Sair dessa espécie de piloto automático a que estamos submetidos hoje e desenvolver uma mente serena, em que você se torna capaz de reconhecer seus pensamentos e sentimentos e não apenas reagir a eles, é uma parte essencial do seu processo de cura e transformação.

4º Princípio
"Eu sou 100% responsável por criar a minha realidade física e material do jeito que ela é."

O verdadeiro Ho'oponopono significa assumir 100% de responsabilidade pela sua vida, por tudo, absolutamente tudo o que acontece nela, positivo e negativo. A vida que tem hoje foi você quem criou. Consciente ou inconscientemente. E a vida que vai ter no futuro é você quem está criando agora.

Assumir a responsabilidade pelas coisas boas é fácil. Agora, assumir a responsabilidade pelas frustrações e fracassos não é tão simples assim. A mente sempre vai querer te proteger, por isso, para tudo aquilo que ela considera um erro ou falha, vai encontrar um culpado.

Pense comigo. Se o seu relacionamento romântico está indo ladeira abaixo, a culpa não é sua. É do marido que não te entende. Se está com dificuldades financeiras, a culpa não é sua. É da crise lá fora, do chefe que não te reconhece, da falta de oportunidade do mercado. Se sofre com falta de autoestima e medo da rejeição, a culpa não é sua. **É do pai que foi ausente ou da mãe que não te amou o suficiente.** Acho que você já entendeu esse mecanismo da mente, não é mesmo?

Quando realmente entende este quarto princípio, você para de julgar e rotular as coisas e pessoas em bom x ruim, certo x errado, vítima x culpado. A culpa, a vitimização e a rejeição representam a atuação dessas memórias limitantes ou padrões ocultos negativos. Mas no verdadeiro Ho'oponopono simplesmente não existem vítimas ou culpados. Existe cada um sendo 100% responsável por tudo o que acontece em sua vida. Você não é vítima de nada. Não é culpado de nada. Você é 100% responsável por tudo.

"A sua realidade exterior é o reflexo da sua realidade interior."

INSATISFAÇÃO — AMOR

CRÍTICA — MEDO — PERDÃO — GRATIDÃO

Por mais difícil que seja reconhecer todas as experiências de vida que o feriram emocionalmente e criaram uma memória de dor, elas foram atraídas para sua vida a partir da sua vibração e são responsabilidade sua. Mesmo aquela traição que você achou injusta. Mesmo aquele pai que te abandonou e magoou. Mesmo a descoberta de uma doença que tirou o seu chão. Assim como todas as pessoas e experiências incríveis foram criadas por você e são responsabilidade sua. É por isso que a Pergunta Chave dos Milagres que você vai ver a seguir é tão poderosa.

Pergunta Chave dos Milagres

Qual é a memória em mim que está fazendo com que esta pessoa, ou situação, perturbe a minha paz?

Você cria a sua realidade a partir das memórias ou da inspiração. Quando existe uma memória, criada ou compartilhada, armazenada na sua mente subconsciente, em um determinado momento, ela irá magneticamente atrair uma situação na vibração correspondente. Exemplo: se existe uma memória de mágoa, irritação ou culpa dentro de você, você vai atrair pessoas e situações que manifestam a mágoa, irritação ou culpa que também estão ali dentro.

Para o verdadeiro Ho'oponopono, não existe "aquela pessoa me magoou": aquela pessoa ou situação apenas revelou que existia uma memória de mágoa armazenada na sua mente subconsciente. É por isso que você repete: Sou grato. Você agradece pela oportunidade de acolher e liberar a memória guardada na sua mente subconsciente. Neste ponto, sempre me fazem uma pergunta: "Mas Amanda, e as crianças? Como pode uma criança ter que passar por um determinado sofrimento?".

Para o Ho'oponopono, é muito simples: pela Lei do Karma. Karma não tem nada a ver com injustiça, punição do Universo ou peso que você carrega. Karma é uma palavra que vem do Sânscrito e significa ação, que na verdade nada mais é do que a Lei da Ação e Reação. **Todas as situações, inclusive as desafiadoras**, fazem parte do karma daquela Alma que está começando uma nova vida. Ou seja, faz parte do plano de Alma que ela escolheu para esta vida curar determinadas memórias para evoluir. Afinal, somos uma Alma vivendo temporariamente uma vida na matéria. E esta vida é apenas uma das muitas que já vivemos.

Ninguém vem como uma página completamente em branco para esta vida; trazemos junto todo o nosso histórico energético e vibracional. Pense que você é como um livro e cada nova vida é um novo capítulo. Você não consegue entender toda a história ao ler apenas um capítulo isolado. Assim é com a sua vida: você não irá encontrar todas as respostas enquanto estiver com a sua mente limitada pelo tempo e espaço. Absolutamente tudo o que passa na sua vida é resultado da sua vibração (dos seus pensamentos e sentimentos). Você não é responsável pelos fatos em si, mas pelo seu sentimento em relação aos fatos. Uma mesma situação pode gerar sentimentos diferentes em momentos diferentes.

"Não é o que acontece com você que importa, mas a maneira como reage ao que acontece com você." (Epíteto)

Você não pode mudar um fato do seu passado, mas pode mudar o sentimento que tem em relação àquele acontecimento. Isso é Ho'oponopono: limpar a memória para que o amor o inspire. Você é o Atma e é 100% responsável por manifestar a vida que sonha e merece. Por isso, repita agora esta afirmação: "Eu sou o Atma. Eu sou 100% responsável."

5º Princípio
"Eu sou 100% responsável por corrigir os pensamentos destrutivos que criam a minha realidade."

O quinto princípio é um aprofundamento do anterior e quase como um lembrete: você tem o poder de curar a sua vida. Se existe algo na sua vida que você não gosta e que gera sofrimento, agora sabe que foi você quem criou. E se criou, tem o poder de mudar e criar uma nova realidade. Isso quer dizer que não existe ninguém lá fora que vai fazer o que você precisa fazer; não existe um salvador para resolver seus problemas por você. Não existe uma fórmula mágica. Assim como você não é o salvador da vida das outras pessoas. Cada um é 100% responsável pelo seu processo de cura. Ninguém pode fazer a mudança que você deseja por você. E vice-versa.

Eu recebo muitos pedidos de ajuda no meu Instagram: "Amanda, como fazer o Ho'oponopono para o meu filho ou meu esposo?". Você nunca faz Ho'oponopono para outra pessoa. Se está aflito com o sofrimento que aquela pessoa está passando, você deve praticar Ho'oponopono em você para limpar essa memória de dor que está compartilhando com a outra pessoa. Na Parte 2 deste livro, vamos aprofundar isso ainda mais no capítulo dos relacionamentos.

Lembra da história do Dr. Hew Len? Ele aplicou o Ho'oponopono nas memórias que estava compartilhando com os pacientes. Ao limpar a memória em você, você se libera e, por consequência, libera a outra pessoa.

6º Princípio
**"Não existe o lá fora.
Tudo existe como pensamento em minha mente."**

O sexto princípio quer dizer que nós não enxergamos o mundo como ele é. Enxergamos o mundo como nós somos, ou seja: **o mundo é um espelho**. Tudo aquilo que enxerga no outro existe dentro de você. Quando olha para o outro e pensa: *"nossa, como esta pessoa é amorosa"*, *"olha que incrível como ele é corajoso"*, *"ele é tão organizado"*. Isso tudo que enxerga é um reflexo do que existe dentro de você. Da mesma forma, por vezes você enxerga no outro: *"que pessoa descomprometida"*, *"como pode ser tão arrogante e não reconhecer seu erro?"*, *"ela sempre está mentindo"*. Isso também é um reflexo do que existe dentro de você.

Eu sei, isso pode parecer bem desafiador na primeira vez que aprende. Mas calma, as fichas vão cair conforme você avança na leitura e nas práticas. Agora, responda mentalmente: o que você tem visto no mundo à sua volta e nas pessoas ao seu redor? Mais coisas e pessoas positivas ou negativas? Faça uma pausa para refletir.

Se na sua vida tem mais gente negativa, que reclama, fala mal dos outros, a pergunta que precisa se fazer é: onde e em que momentos eu estou sendo negativa e reclamando? Aplique a Pergunta Chave dos Milagres: qual é a memória em mim que está fazendo com que esta pessoa ou situação perturbe a minha paz? Lembre-se sempre que praticar Ho'oponopono é um ato de humildade.

Recordo de um momento em que eu estava muito incomodada com as redes sociais, porque entrava no Instagram e via pessoas ostentando vidas que não eram reais. Eu pensava "como que pode esta pessoa postando foto toda *good vibes*, enquanto está numa crise no casamento?", e por aí vai. De repente, me dei conta. *"Pera aí, se estou vendo mentira, onde existe mentira em mim?"* A primeira reação da minha mente foi: *"Mas eu nunca minto"*. Porém, eu sabia. Se estou vendo mentira, é porque existe mentira em mim. Não foi fácil olhar para as memórias limitantes dentro de mim, mas depois de fazer a Técnica Pergunte ao Atma, consegui identificar qual era a memória. E mais: pude ver que a mentira que eu estava contando não era para os outros, mas sim para mim mesma.

Quando você começa a analisar os seus sentimentos, memórias, padrões, é importante expandir sua consciência. Não é um processo mecânico; é preciso se permitir ouvir a voz do coração, a verdade que vem da Alma. Colocar em prática este sexto princípio do Ho'oponopono irá salvar seus relacionamentos: tudo o que você enxerga no outro existe em você. Tudo o que o outro enxerga em você existe dentro dele. Olha que lindo isso! Se a outra pessoa criticar ou reclamar de você, você não sofre mais com isso, porque sabe que apenas está sendo um espelho para ela.

Assim como quando se sentir irritado ou for criticar outra pessoa, você sabe que o problema não é o outro. Ele apenas é um espelho mostrando as memórias que existem em você. Por isso, agradeça a essa pessoa por permitir que você tome consciência do que precisa limpar para curar sua vida.

História: Olhando no espelho

Uma mulher preparava o café da manhã na cozinha, quando sua filha chega já toda arrumada para ir à escola. Ao olhar para a filha, ela percebe uma mancha no seu rosto e diz: "filha, tem uma mancha no seu rosto, você não viu?". A menina responde que não havia percebido. A mãe pega um lenço umedecido para limpar a mancha. Ela esfrega com força, mas a mancha não sai.

Mais tarde, chega no escritório para trabalhar e percebe que sua chefe também tem a mesma mancha e, o mais incrível, no mesmo lugar que sua filha. Uma hora mais tarde, ela recebe um cliente importante e, para sua surpresa, ele também possui a tal da mancha, exatamente igual, no mesmo lugar.

A mulher simplesmente não entende o que está acontecendo. Fica preocupada: "será que estamos vivendo uma epidemia de manchas?". Começa a avisar as pessoas sobre a mancha e já adianta: "mesmo esfregando com força, a mancha não sai". Uma dessas pessoas avisa a mulher que ela também possui a mancha. Apavorada, vai até o espelho e percebe que ela está ali, no seu rosto. Rapidamente, pega um lenço molhado e tenta removê-la. Impressionante: a mancha saiu, quase um milagre! Quando ela limpa a mancha no seu rosto, percebe que ela desaparece do rosto das outras pessoas também.

O mundo, as outras pessoas, tudo é apenas um espelho que revela aquilo que guardamos dentro de nós. Quando algo nos incomoda no outro, é uma oportunidade de olharmos para dentro e limparmos essa memória que, de alguma forma, também possuímos. Esta história contém a essência do verdadeiro Ho'oponopono, reconhecendo que você é 100% responsável por tudo o que vê, sente e manifesta em sua vida.

AS TRÊS MENTES NA VISÃO DO
Ho'oponopono

Por que você sente medo, raiva, preocupação, mesmo não querendo sentir nada disso?

Por que determinadas situações e sentimentos se repetem na sua vida?

Por que você quer mudar, e muitas vezes até começa uma mudança, mas depois volta a ser como antes?

Para responder a essas perguntas, precisamos entender o funcionamento das três mentes e a sua relação com o Divino (Fonte Divina, Inteligência Maior). Assim, você poderá compreender por que repete as quatro frases do Ho'oponopono e faz a Oração Original, e como acontece o processo de limpeza das memórias.

A mente é um fluxo de energia formado pelos pensamentos, sentimentos e emoções, e é por meio dela que você se relaciona com você mesmo, com os outros e com a vida. É na mente que ficam guardadas todas as memórias, sonhos, desejos e esperanças, assim como medos, tristezas, arrependimentos e culpas. A mente é um fluxo de energia dinâmico, moldado pelas experiências de vida e que possui infinitas possibilidades. Ela não é o cérebro! É importante deixar isso bem claro.

O cérebro é como se fosse o aparelho de rádio que capta as frequências de ondas sonoras, o instrumento físico para captar e transmitir as informações da mente, a qual está conectada ao cérebro, mas não apenas a ele. Há uma extensa rede neural por todo o interior do corpo humano: coração, intestinos, pele e músculos. Portanto, você não é a sua mente (pensamentos e emoções), assim como não é o seu corpo. Você é o Atma, a Consciência Infinita que temporariamente possui um corpo e uma mente.

ATMA
Alma, essência, consciência infinita e ilimitada

CORPO
cérebro e todos os orgãos

MENTE
Pensamentos e sentimentos

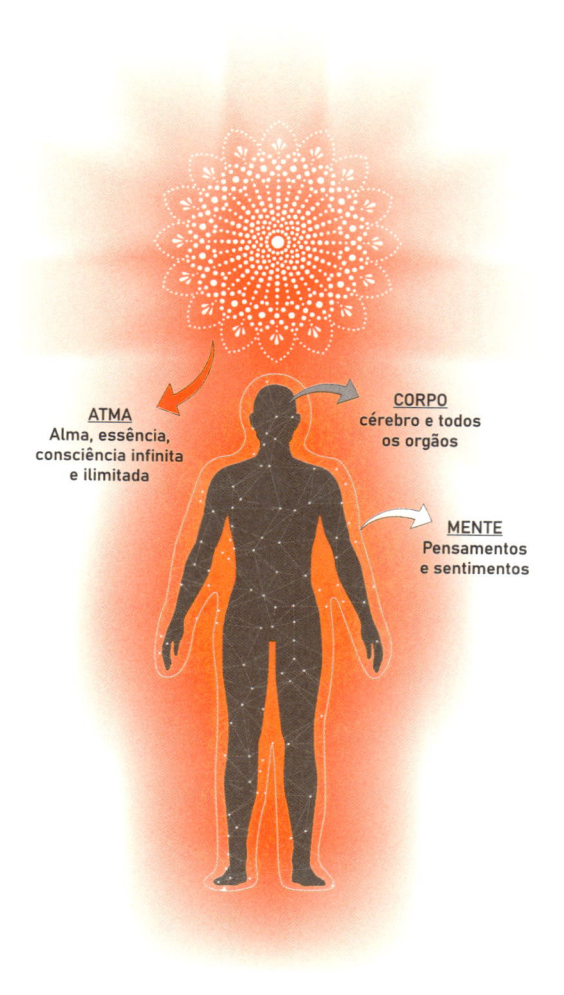

    Corpo, mente e Alma não são separados, mas interligados, fazendo parte de um mesmo sistema. A neurobiologia inclusive já comprovou que o estado interno subjetivo do ser humano interfere diretamente na saúde fisiológica. Isso quer dizer que pensamentos, sentimentos e emoções interferem na produção de hormônios, batimentos cardíacos e até mesmo na estrutura cerebral.

    Por essa razão, quando sua mente está carregada de memórias e padrões ocultos, você diminui a imunidade do seu organismo e fica exposto a uma lista gigante de dores e doenças: alergias, problemas digestivos, enxaqueca, fibromialgia, diabetes, hipertensão arterial. A lista não tem fim. Agora, quando você limpa essas memórias, se conecta com a sua verdadeira essência, o Atma, e retorna ao estado natural, de pura luz.

MEMÓRIAS — Crítica, Culpa, Mágoa, Medo, Raiva

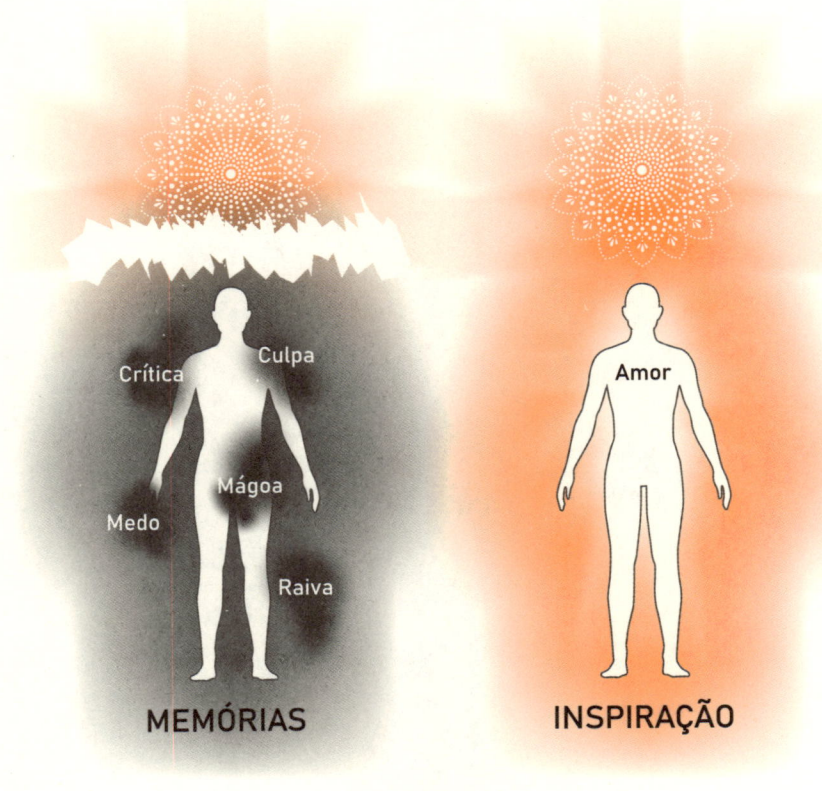

INSPIRAÇÃO — Amor

Essa conexão com o Atma ativa o estado de serenidade, ou seja, a capacidade de estar em paz em meio às tempestades dentro e fora de você. Nesse estado de conexão, você deixa de ser uma vítima da sua mente e se torna capaz de lidar com os pequenos e grandes desafios da vida. De tal modo, aprende com cada experiência ao invés de simplesmente reagir. O verdadeiro Ho'oponopono, compartilhado por Morrnah, explica o funcionamento da mente através da visão da família interior:

Mente consciente
Uhane (a Mãe)

Mente subconsciente
Unihipili (a Criança, o Filho)

Mente superconsciente (Alma, Atma)
Aumakua (banhado pelo Pai, Espírito Santo)

MENTE CONSCIENTE
Uhane – a Mãe

A mente consciente é responsável por tudo aquilo de que temos consciência; é a parte pensante do nosso ser, que responde pelos nossos pensamentos. Dotada de livre-arbítrio, é responsável pelas atividades triviais e superficiais, pela parte racional e lógica. Também é sua atribuição a capacidade de compreensão e comunicação, pois ela opera no nível da informação. A mente consciente apenas administra o problema, mas não é capaz de resolvê-lo. É por isso que você racionalmente entende, sabe, mas não consegue sentir ou agir naquela direção.

Vou dar alguns exemplos: você sabe que precisa perdoar algo ou alguém, mas não consegue sentir esse perdão no coração. Quer sentir gratidão, mas, sem perceber, reclama, compara, critica. A mente consciente tem o poder de decidir agir de acordo com as memórias armazenadas no subconsciente ou iniciar o processo de limpeza das memórias e dar permissão para a inspiração divina atuar.

Todas as orações, preces e mantras utilizados pelo Ho'oponopono são um pedido da mente consciente para o Atma, dando permissão para o processo de cura acontecer. É a mente consciente, Uhane, que "conversa" com a mente subconsciente de forma gentil e amorosa, acolhendo as memórias de dor e entendendo essa criança, reconhecendo que existe um problema.

MENTE SUBCONSCIENTE
Unihipili – a criança

Conhecida como a parte não racional da mente, associada aos sentimentos e emoções. A mente subconsciente é a camada mais profunda, oculta, aquilo de que não temos consciência. É como se ela fosse o porão onde ficam armazenadas as memórias de todas as experiências de vida (desde antes do nosso nascimento).

Ela é muito mais dinâmica que a mente consciente, é atemporal e responsável pelos impulsos instintivos, hábitos e todas as ações executadas de forma automática. Trabalha 24 horas por dia para que nossas ações sejam tomadas com base nas experiências do passado – faz isso para nos proteger, evitar o sofrimento e poupar energia.

O subconsciente é o responsável pelas escolhas. A prova científica disso é um estudo realizado pelo neurocientista Benjamin Libet, através de ECG (eletroencefalograma), que revelou um surto de atividade no cérebro das pessoas antes mesmo de elas terem a intenção consciente de fazer alguma coisa. Aqui, na mente subconsciente, é feito todo o processo de limpeza das memórias e padrões.

O Ho'oponopono chama a mente subconsciente de Unihipili, ou seja, a criança, e essa denominação explica bem o comportamento da mente subconsciente. Quando você quer ajudar uma criança, não adianta xingar, mandar, ser autoritário, ignorar. Tudo isso vai fazer com que fique ainda mais ferida e birrenta. Você precisa acolhê-la, dizer que entende o seu sofrimento e ajudá-la mostrando uma nova forma de pensar e sentir. Para o verdadeiro Ho'oponopono, a "criança interior" é a representação da sua mente subconsciente, que possui um intelecto rudimentar e vivencia o mundo a partir da dualidade.

A sua "criança interior" é a parte da sua consciência não desenvolvida, onde ficam registradas e armazenadas todas as memórias de dor e sofrimento emocional, medos, padrões que bloqueiam o fluxo de energia. A prática do Ho'oponopono irá promover a cura dessa criança interior, limpando e liberando as memórias que estão guardadas ali.

MENTE SUPERCONSCIENTE
Atma, Alma, Eu Superior, Aumakua – o pai

Atma é uma palavra sânscrita que significa Alma, Consciência Infinita e Ilimitada, o seu Eu Superior; a parte do seu ser eterna e indivisível, a sua essência divina. O Atma é uno com a Fonte Divina e não é influenciado pela mente subconsciente.

A divindade só consegue atuar e inspirar na sua vida quando você se conecta com o Atma. Por isso, você não deve praticar Ho'oponopono para conquistar coisas e, sim, para limpar as memórias e padrões que estão bloqueando a sua luz, a conexão com o seu Atma.

Você percebe a vida a partir de uma visão limitada pelo tempo e espaço e, por isso, muitas vezes, não entende por que alguma coisa não dá certo, como o Universo pode dizer não para o seu objetivo se você está fazendo tudo corretamente. O seu pedido será sempre analisado pelo Atma e pelo Divino Criador, que conhecem o seu plano de Alma e sabem o que é verdadeiramente melhor para a sua evolução.

Quando você nasceu, sua Alma fez um plano para esta existência; você veio para esta vida com uma missão e propósito. Quando você entende que é uma extensão do Divino Criador, ilimitado e abundante, você se alinha com a Fonte Divina, conectado ao Atma, e a sua vida se torna também ilimitada e abundante, dentro do plano da sua Alma.

FONTE DIVINA
Divindade, Inteligência Maior, Akua

Não importa o nome pelo qual você reconheça esta Inteligência Maior: Divindade, Fonte Divina, Deus, Energia Essencial, Espírito Criador. Existe uma inteligência maior que rege as nossas vidas, onipresente, onisciente e onipotente. A Divindade é puro Amor, pura Luz.

O processo de cura do Ho'oponopono e de toda limpeza das memórias será feito pela Divindade, mas somente se dermos permissão através do nosso pedido, pois existem leis universais que regem a existência. Uma delas é a de que nós, seres humanos, temos livre-arbítrio.

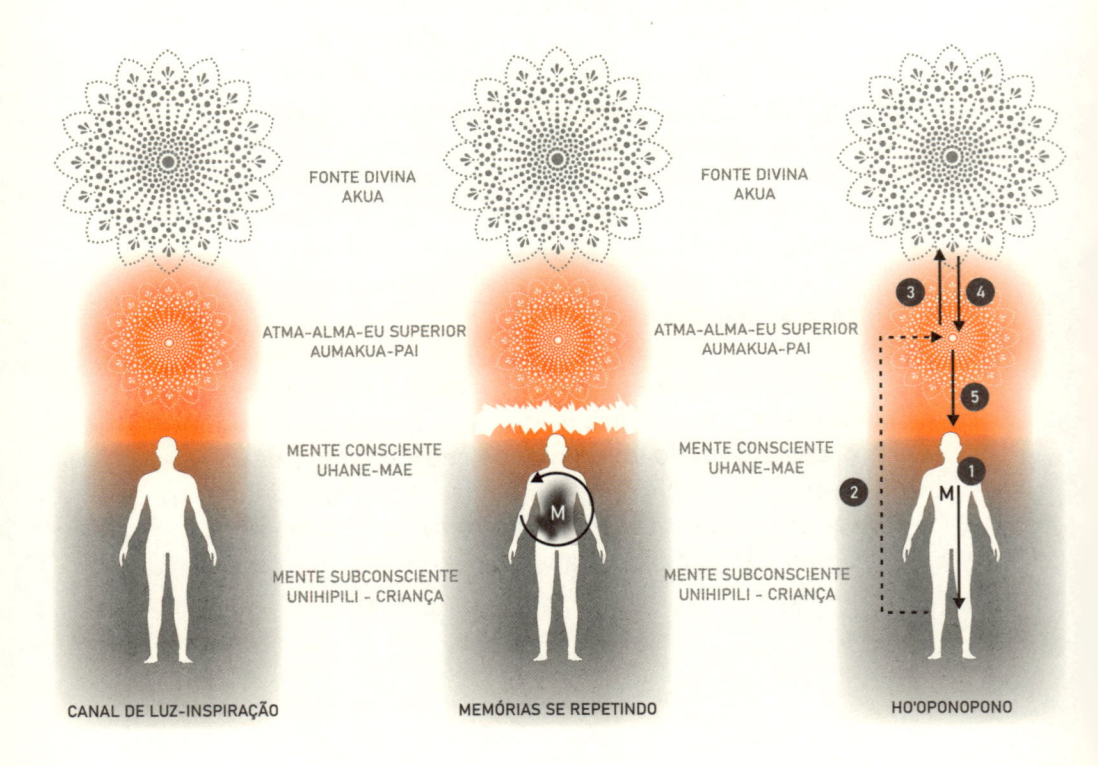

FONTE DIVINA
AKUA

ATMA-ALMA-EU SUPERIOR
AUMAKUA-PAI

MENTE CONSCIENTE
UHANE-MAE

MENTE SUBCONSCIENTE
UNIHIPILI - CRIANÇA

CANAL DE LUZ-INSPIRAÇÃO

MEMÓRIAS SE REPETINDO

HO'OPONOPONO

A atuação do Ho'oponopono

1. Você, através da mente consciente, reconhece que é a mente subconsciente a responsável pela memória criando este problema. Você acolhe o sofrimento gerado pelas memórias armazenadas na mente subconsciente.

2. Você, através da mente consciente, se conecta com o seu Atma (Aumakua — o pai), dando permissão para iniciar o processo de limpeza das memórias e cura. A memória armazenada na mente subconsciente é enviada para o Atma conectado à Fonte Divina. O Atma analisa o pedido e busca uma solução com base no plano de Alma e na inspiração divina.

3. O Atma envia o pedido de cura e a solução para a Fonte Divina para ser revisado.

4. A Fonte Divina revisa a solução/inspiração do Atma e envia a resposta para baixo, para o Atma.

5. O Atma envia a resposta para baixo, para a mente consciente, a qual se torna consciente da solução e, assim, neutraliza a ação da memória armazenada na mente subconsciente.

História dos vinte camelos

Há cerca de 300 anos, um comerciante árabe viajava pelo deserto com o seu serviçal e seus vinte camelos. Uma noite, quando pararam para dormir, havia apenas dezenove estacas para prender os camelos e o serviçal perguntou ao seu patrão o que deveria fazer com o último camelo. O sábio comerciante respondeu: "faça de conta que está colocando a estaca e a corda, assim, o camelo acreditará que está preso". Foi exatamente isso que o serviçal fez. Na manhã seguinte, todos os vinte camelos estavam lá. O serviçal, então, desamarrou os camelos para que eles pudessem seguir viagem.

O Sol já estava alto no céu quando, de repente, o comerciante se deu conta de que estava faltando um dos seus camelos. O último deles não havia acompanhado os restantes. Ao voltar pelo caminho, encontraram o 20° camelo ainda parado no mesmo lugar em que passaram a noite. O serviçal havia esquecido de fazer o gesto de desamarrar o camelo, e ele acreditava que ainda estava preso.

É exatamente assim que atuam as memórias limitantes: elas fazem você se tornar um prisioneiro da sua própria mente, impedindo você de manifestar uma vida de felicidade, abundância e realização.

OS TRÊS PASSOS DO ATMA *Ho'oponopono*

Para aplicar o Ho'oponopono da forma correta, é fundamental respeitar estes três passos, os quais não acontecem de forma separada, mas contínua e interconectada durante o processo de aplicação do Ho'oponopono.

1º PASSO | *Limpar*

O primeiro passo é a limpeza das memórias limitantes e padrões ocultos. Limpar, limpar, limpar... Só assim você será capaz de abrir espaço para a verdade da sua Alma se manifestar e ser um canal da luz. A limpeza é feita pela Divindade e, para que ela aconteça, você precisa estar conectado ao Atma, pois, para liberar uma memória, é necessário mudar de nível e passar para o âmbito espiritual.

A limpeza sempre começa com um pedido da mente consciente para o Atma, que o envia à Divindade. Esse pedido é isento de culpa, julgamento ou dor. Ele vem de uma postura de humildade, com o reconhecimento de que existe um problema, uma memória a ser limpa, apenas isso. Livre do peso de vítimas, culpados ou vilões.

Dentro do processo Ho'oponopono, existem muitas técnicas de limpeza: mantras, orações, preces, meditações. Vamos ver algumas logo em seguida. Vale destacar que você não precisa saber qual memória de dor precisa ser apagada, nem mesmo a origem dela. Você apenas pede que a Divindade limpe, purifique e transmute as memórias em luz.

Tudo o que precisa é limpar e sair do caminho para que a Divindade o inspire. Agora, a pergunta: por quanto tempo eu tenho que fazer esta limpeza? Acho até que você já sabe a resposta, não é mesmo? Para sempre — H.A.D. (hoje, amanhã e depois). Assim como você limpa o seu corpo, escova os dentes e toma banho todos os dias, também limpa H.A.D. as memórias limitantes da sua mente. Por isso, é importante conectar esse primeiro passo (limpar) com o segundo passo: desapegar.

2º PASSO | Desapegar

Depois que pede à Divindade que inicie o processo de limpeza, você deve "sair do caminho", ou seja, entregar e confiar na Inteligência Maior que contém todas as respostas e sabe o tempo certo das coisas. Desapegar é entrar no vazio, no zero, livre de julgamentos e intenções. Você sente paz interior e está em harmonia com o Todo. "Entrar em zero" não significa não pensar em nada. O zero é um espaço, um momento de abrir mão do controle, onde você não tem intenção e está aberto à inspiração.

Não é a ausência completa de pensamentos, mas o momento em que você está desidentificado dos pensamentos e volta a ser o Atma. No zero, você apenas é. Eu sou o Eu Sou, eu sou Atma, o espírito manifestado na matéria, aberto para receber as inspirações do Divino. Sempre que tentar controlar o processo, determinando um resultado/objetivo ou o tempo para algo acontecer, você trava o processo.

Todo o processo do Ho'oponopono acontece dentro de você. Você não pode mudar as pessoas, os fatos, as coisas lá fora, mas pode mudar o seu sentimento em relação a eles. Um grave erro que vejo as pessoas cometerem, por falta de conhecimento, é fazer Ho'oponopono para ganhar na loteria, conquistar um relacionamento etc. É possível obter resultados quando você pratica com uma intenção direcionada, mas (e aqui é um grande mas) é com a inspiração que os milagres acontecem. Você não faz Ho'oponopono para ter coisas, mas para limpar as memórias bloqueando a abundância na sua vida. Você apenas limpa, entrega e confia que o Universo, a Divindade faz a sua parte. Isso é tão simples e ao mesmo tempo tão disruptivo. Sempre que existir uma intenção, não existe espaço para a inspiração.

Este segundo passo é desafiador, porque requer uma postura de completa humildade e confiança no Universo. Quando aplica Ho'oponopono para resolver um problema, o Atma irá analisar o seu pedido de acordo com o seu plano de Alma, e a resposta nem sempre será aquela que você (ego) acha que tem que ser, da forma que acha que tem que ser. Muitas vezes, você irá receber um não, e esse não é perfeito para você nesse momento. Tudo o que deve fazer é continuar limpando, limpando e limpando.

A pergunta é: você confia ou não na Divindade? Confiar apenas quando as coisas saem do jeito que você quer, na hora que quer, não é confiar. Desapegar é abrir mão das expectativas e essa talvez seja a parte mais difícil do processo do Ho'oponopono, já que estamos acostumados a controlar, tentar compreender e buscar explicações para tudo. Se não aplicar este segundo passo (desapegar), o que irá acontecer é uma memória tentando limpar outra. Desapegar é o passo que irá permitir encontrar soluções fora do intelecto para resolver o seu problema.

3º PASSO | Conectar

Depois que limpa e desapega, você se conecta com a Fonte Divina, permitindo que ela o preencha com amor e luz. Você é inspirado pela Divindade com informações perfeitas para a existência. O seu Atma sempre está conectado com a Fonte Divina e, ao limpar e desapegar, automaticamente, você abre espaço para que a conexão seja a mais pura e verdadeira. Lembre que estes três passos não acontecem de forma isolada, mas estão interconectados, como as cores de um arco-íris: você não percebe exatamente onde uma começa e outra termina. É apenas a partir da conexão com o Atma que o processo de limpeza e inspiração acontece. Tal conexão possibilita a ação da Divindade em você, na sua vida.

Tem um ditado que diz: "Deus não tem braços e pernas, senão os seus". É sobre você ser um canal da luz, servindo a vida e compartilhando seus talentos e habilidades. É ser Deus em ação — luz, amor. É pensar e agir sempre a partir do amor. É se tornar iluminado e iluminar o mundo à sua volta.

História do camelo no deserto

Uma história bem conhecida conta que um comerciante de lã viajava pelas areias quentes do deserto com o seu único camelo. Depois de vários dias andando sob o sol escaldante, os dois, já cansados, avistam à sua direita um pequeno oásis. O comerciante quase não acredita no que vê, parece um milagre. Rapidamente, anda na direção do oásis e, ao chegar, bebe água fresca e encontra a sombra de uma grande palmeira para descansar depois de tantos dias peregrinando.

Acomodado com suas costas no tronco da palmeira, antes de adormecer, ele olha para o céu e diz: "Deus, este é o meu único camelo e eu o confio a Você." Ao terminar a frase, ele solta a corda do camelo e adormece profundamente. Depois de algumas horas, o comerciante acorda. Olha para um lado, para o outro e não vê nenhum sinal do camelo. Muito triste e frustrado, novamente se dirige a Deus: "Deus, como pôde fazer isso comigo? Lhe confiei o meu único camelo e Você me traiu". E Deus, com sua voz forte, responde: "Os únicos braços que eu tinha para segurar o camelo eram os seus".

Esta história nos faz lembrar de que Deus, a Divindade, não vai fazer nada por nós, mas através de nós. Deus só pode agir a partir de você, que é o Divino em ação. Existem leis universais que regem a existência; uma delas é a do livre-arbítrio. Você é um ser humano dotado de livre-arbítrio e a ação do Divino sempre irá respeitar essa lei. Por isso, ao praticar o Ho'oponopono, você dá permissão para que o Divino atue em sua vida. Vou aprofundar esse conceito nos próximos capítulos.

Também por isso não adianta fazer Ho'oponopono e não fazer a sua parte. Imagine que você quer ter mais saúde. Não adianta repetir as quatro frases e continuar se entupindo de açúcar e comendo besteira, esperando uma mágica acontecer. O Ho'oponopono vai fazer milagres, não mágica — mágica é você querer mudar lá fora; milagre é limpar as memórias impedindo que você tenha a percepção correta. Neste exemplo, o Ho'oponopono irá limpar as memórias que fazem com que você desconte suas frustrações e preocupações na alimentação — ele irá atuar dentro de você.

Os três passos na prática

Todo esse processo do Ho'oponopono só irá funcionar se for feito a partir do nível do sentimento. É um processo que exige entrega e confiança. Sempre que a mente racional, lógica e analítica entra no processo, ele trava. Assim, não adianta sair repetindo as quatro frases, ou qualquer outra técnica do Ho'oponopono, como se fosse um papagaio, de forma mecânica, sem saber por que você faz, para quem faz ou a partir de um estado de agitação e reatividade. Além disso, a prática do Ho'oponopono não é algo que você faz apenas uma vez; você faz H.A.D. (hoje, amanhã e depois). Repetindo, fazendo ciclos, num processo contínuo de cura e evolução.

"Você não é o que faz apenas uma vez.
Você é o que faz repetidamente H.A.D. (hoje, amanhã e depois)"

BENEFÍCIOS DO *Ho'oponopono*

Não espere resultados, mas esteja preparado para os milagres. O verdadeiro Ho'oponopono não é focado em conquistar qualquer tipo de meta ou objetivo, porque essa realização é uma consequência natural de você voltar a se conectar com a Fonte Divina (Deus, Universo) e com o seu Atma.

Ao praticar Ho'oponopono, não espere resultados criando expectativas quanto ao processo de cura e transformação, mas esteja preparado para os milagres que irão acontecer em sua vida. Não espere uma fórmula mágica, pois essa é a tentativa de resolver um problema onde ele não está; tentar mudar a vida lá fora sem antes mudá-la dentro de você.

Um milagre é justamente uma mudança interna, de uma percepção equivocada e limitante (que gera medo) para uma correta e abundante (que inspira amor). É como aquela metáfora dos antigos textos védicos: imagine que você entra em um quarto escuro e vê uma cobra no chão; com medo, estica o braço para acender a luz. Quando o quarto se ilumina, percebe que era uma corda e não uma cobra. A cobra que fez com que sentisse tanto medo nunca existiu. O que houve, apenas, foi uma percepção equivocada criada pela ausência de luz.

O verdadeiro Ho'oponopono limpa as memórias limitantes, os medos e padrões ocultos que bloqueiam a sua luz. Praticá-lo é acender a sua luz, permitir que você volte a ser iluminado, fazendo com que as "cobras" ilusórias da vida desapareçam. Quando se torna iluminado, você é inspirado pelo amor divino e se sente mais motivado e capaz de realizar seus sonhos, metas e objetivos.

Não espere resultados,
MAS ESTEJA PREPARADO
para os
milagres

@amandaldreher

ATIVE SUA ÂNCORA ATMA *Ho'oponopono*

Agora, você já sabe que:

"EU SOU O ATMA. EU SOU 100% RESPONSÁVEL."

Então, vamos criar uma âncora com essa poderosa frase do Atma Ho'oponopono. Uma âncora é algo simples e poderoso que tem o poder de mudar a sua vibração. Pode ser uma frase, uma música, uma foto. Algo que desperte um sentimento positivo e elevado. Uma frase só se torna uma âncora ao associar uma forte carga emocional a ela. É algo que lembre você da sua força, da sua luz, da sua conexão com o Atma.

Eu ensino os meus alunos a criarem uma lista de âncoras para utilizar nos momentos de oscilações emocionais e quando precisam se reabastecer de energia. Aqui, vamos focar em criar uma âncora com a frase "Eu sou o Atma. Eu sou 100% responsável." Você vai poder utilizar ela sempre que quiser: logo ao acordar, quando se sentir cansado, quando se perceber julgando alguém ou uma situação, entre outros. Quanto mais utilizar, maior será a carga energética da sua âncora e mais poder ela terá.

Como fazer ativação da sua âncora

Em um lugar tranquilo, sente-se de forma confortável e faça algumas respirações mais profundas até sentir que sua mente está serena e calma. Você pode utilizar uma música suave, um *healing sound* (som de cura), uma música que desperte sentimentos de paz e amor no seu coração[6]. Lembre que este exercício não é feito com sua mente racional, e sim com o sentimento. Coloque sua mão no coração, enquanto repete:

---

[6] No meu app Namastê, você encontra diversas opções de músicas relaxantes. Se quiser conhecer, aponte a câmera do seu celular para o seguinte QR Code:

Eu sou o Atma.

Eu sou uma extensão do Divino Criador, a energia essencial em ação.

Eu sou cheio de potencial, eu sou a Consciência Infinita e Ilimitada, eu sou um com o Criador.

Eu sou luz, eu sou amor.

O meu Atma é grande demais para eu ser pequeno.

O meu Atma é grande demais para eu me contentar com o "tá bom assim", com o mais ou menos.

Eu sou o Atma. Eu sou 100% responsável.

O meu Atma é grande demais para eu ser pequeno.

Eu sou capaz de realizar tudo aquilo que o meu coração sonhar.

Eu mereço realizar tudo o que o meu coração sonhar.

Eu tenho o dever de realizar tudo o que o meu coração sonhar, de honrar a vida que em mim confia.

(estale os dedos em frente ao coração)
Eu sou o Atma. Eu sou 100% responsável.

(estale os dedos em frente ao coração)
Eu sou o Atma. Eu sou 100% responsável.

A partir de agora, para utilizar a sua âncora, basta você estalar os dedos em frente ao coração enquanto repete (mentalmente ou em voz alta) "Eu sou o Atma. Eu sou 100% responsável".

PARTE 2

A sua
TRANSFORMAÇÃO

O PODEROSO MANTRA
das quatro frases

O Ho'oponopono ganhou popularidade através do seu famoso mantra das quatro frases:

> **SINTO MUITO. ME PERDOE. EU TE AMO. SOU GRATO.**

Como já vimos anteriormente, o verdadeiro Ho'oponopono é muito mais do que as quatro poderosas frases: é uma linda filosofia de vida e um incrível método de autocura milenar. As frases são como uma fórmula que permite manifestar milagres em sua vida, quando repetidas da forma correta.

Ao conhecer o significado delas, você irá ganhar o superpoder de limpar as memórias sempre que precisar.

QUANDO UTILIZAR O MANTRA DAS QUATRO FRASES

- Sempre que surgir um desafio ou problema, ou quando algo incomodar você, perturbando sua paz interior e harmonia.

- Quando sentir qualquer tipo de pensamento ou sentimento negativo: ansiedade, medo, irritação.

- Na sua prática de meditação.

- Quando quiser ajudar outra pessoa que está passando por um problema.

- Quando quiser melhorar a energia de um ambiente.

- Quando estiver dirigindo, no Uber, no avião.

- E, lógico, quando estiver se sentindo muito bem, feliz e realizado.

Essas situações são meros exemplos para se inspirar, mas não para limitar a sua prática. O grande segredo é repeti-lo com todo o seu coração, colocando sentimento. Não é algo que você repete de forma mecânica e automática com a mente racional.

As quatro frases do Ho'oponopono são uma espécie de mantra, uma palavra sânscrita que significa "instrumento de controle da mente" (man = mente + tra = controle). Sua atuação vai além dos limites de tempo e espaço, já que o Ho'oponopono atua no nível da energia. Ao repetir o "Sinto muito. Me perdoe. Eu te amo. Sou grato." da forma correta, você irá limpar e liberar as memórias criadas e compartilhadas permitindo a conexão com o seu Atma e com a Fonte Divina.

É por isso que, ao praticá-lo, você consegue sentir paz interior e harmonia, uma sensação de confiança de que tudo vai dar certo porque, na verdade, tudo já está certo. Você é inspirado pela luz, sente amor e se reconhece como uma extensão do Divino Criador.

O mantra das quatro frases é um pedido que a sua mente consciente envia para o seu Atma para limpar as memórias armazenadas na mente subconsciente. O seu Atma está diretamente conectado com a Divindade e é através dele que seu pedido é enviado à Divindade, a qual é onisciente e onipotente (sabe tudo e pode tudo). É uma espécie de permissão da sua mente consciente para o Divino atuar na limpeza das memórias guardadas na mente subconsciente. Essa permissão é muito importante, porque o ser humano é dotado de livre-arbítrio e o Divino não pode atuar na sua vida se você não permitir.

Lembre-se sempre que "Deus não faz por você, mas através de você". Agora, a sua parte é praticar o mantra das quatro frases, conhecendo o significado de cada uma delas, sabendo por que as repete e colocando todo o seu sentimento nelas.

Sinto muito

Ao repetir "sinto muito", sem perceber, associamos a essa frase um peso emocional, um sentimento de pesar ou uma espécie de culpa. Na verdade, no verdadeiro Ho'oponopono, repetimos "sinto muito" no sentido de reconhecer a existência de um problema, uma memória que em algum nível perturba a sua paz.

É sentir muito e, num ato de humildade, reconhecer que existe algo incomodando, doendo dentro de você, e que não é culpa da sua mãe, do seu chefe, da crise. Não é sobre sentir culpa, ressentimento ou frustração. É reconhecer os seus pensamentos e sentimentos, assumindo a sua responsabilidade, saindo da dualidade vítima–culpado e resgatando a sua força e poder de curar a sua vida. Lembre-se do princípio que diz que você não é culpado de nada, ninguém é culpado de nada, mas cada um é 100% responsável por tudo.

No dicionário, sentir significa perceber por meio dos sentidos. Simples assim, sem nada de peso ou culpa. É claro que cada ser humano é livre para interpretar as experiências da vida, mas, ao mergulhar na culpa ou vitimização, você acaba reforçando memórias e impede que a mudança aconteça.

Todo processo de cura do Ho'oponopono é feito a partir do amor, reconhecendo a Divindade presente no coração de cada ser humano, no meu, no seu, de todos nós. Também, reconhecendo que todos, de alguma forma, compartilhamos memórias. Você repete "sinto muito" porque não sabia que tinha essa memória e agora a reconhece nessa situação externa e assume a sua responsabilidade. Por exemplo: "Sinto muito por compartilhar a memória que gera esse conflito, insatisfação e problema em minha vida". Ao fazer isso, você toma a decisão de mudar esses pensamentos e sentimentos e liberá-la.

Você está dizendo à Divindade: "Sinto muito por compartilhar essa memória e estou pronto para liberá-la a partir do perdão e do amor. Estou decidido a mudar meus pensamentos e sentimentos negativos e mudar meu ponto de vista sobre a vida".

Me perdoe

O perdão do Ho'oponopono é um conceito diferente do perdão da cultura e filosofia ocidental, em que existe uma vítima, um culpado e uma punição. O ato de pedir perdão aqui não é sobre identificar erros e acertos, vítimas e culpados, ser bom ou ser mau, e esperar ou desejar uma punição. O verdadeiro Ho'oponopono é amor e está além de qualquer conceito da dualidade. Nele, o perdão é ato de humildade e um pedido que você envia à Divindade para que ela limpe todas as memórias que ainda existem dentro de você.

Uma pergunta que sempre surge nos meus treinamentos do Atma Ho'oponopono é: "por que eu tenho que pedir perdão se foi o outro que agiu errado comigo?". Porque não estamos falando da vida da outra pessoa, e sim da sua vida. Não estamos pedindo perdão ao outro, e sim à Divindade; porque reconhecemos a nossa responsabilidade em compartilhar memórias que fazem esse tipo de problema se manifestar.

O perdão não se relaciona com certo ou errado, mas com dar autorização à Divindade para limpar as memórias que estão gerando qualquer tipo de dor e sofrimento na sua vida. Não é um pedido que faz a alguém ou que alguém irá fazer a você.

No Ho'oponopono, não é preciso identificar a memória ou a sua origem para que a cura aconteça, até porque algumas memórias são de experiências de vidas passadas, que neste momento você nem conseguiria ter consciência. Você pede perdão à Divindade e pede que Ela o ajude a se perdoar, e assim se libertar das culpas, mágoas e arrependimentos.

O perdão é um elemento essencial da cura, pois é ele que libera a memória. Perdoar é se libertar do passado e expandir sua consciência para um novo nível de percepção. É necessário reconhecer a sua natureza divina e a do outro e saber que cada um faz o melhor que pode dentro do seu nível de consciência e evolução.

Perdoar é se libertar de projeções, expectativas, julgamentos e comparações e, assim, abrir o coração para a inspiração e o amor.

Eu te amo

Ao repetir "eu te amo", você honra e agradece as suas memórias e a sua história de vida, reconhecendo que tudo o que acontece tem um significado, um propósito, e nada é por acaso. Afirme mentalmente ou em voz alta: "Minhas memórias, eu te amo". Amar as suas memórias é reconhecer que não existem problemas no exterior, apenas memórias que se manifestam em sua vida. Elas surgem na forma de um problema ou insatisfação, mas não devem ser vistas como algo negativo ou uma punição da Divindade a você: elas são uma oportunidade para evoluir, expandir sua consciência e mudar a forma como percebe a vida — esse é o milagre do Ho'oponopono.

Quando você muda a sua perspectiva (sentimento) sobre os acontecimentos do passado e limpa as memórias limitantes, abre espaço para o amor verdadeiro e incondicional, que não julga, simplesmente acolhe, sem esperar nada em troca. O amor do Ho'oponopono não é uma emoção passional, mas um sentimento profundo de conexão com o Todo e todos. Repita agora comigo: "Eu amo ser quem eu sou e reconheço que sou um com o Divino Criador". Não espere receber amor de alguém; você precisa despertar o amor em você. Quanto mais ama, mais se sente preenchido de amor. O amor está na unidade e a cura verdadeira está no amor.

Amar é reconhecer que não existe separação, não existe o lá fora, não existe o outro. Eu sou você. Você sou eu. Somos todos Deus.

Sou grato

Você agradece à divindade pela oportunidade de limpar e liberar essas memórias. Por permitir que esse problema seja resolvido e curado. Agradece por esse problema ter surgido em sua vida, porque ele revela uma memória que estava oculta na camada mais profunda da mente subconsciente, e agora você tem a oportunidade de mudar sua perspectiva e evoluir. "Sou grato por esta raiva, esta mágoa, esta crise financeira, esta doença...", porque elas mostram onde você precisa se curar. Sim, eu sei, iluminado leitor, que aceitar isso não é fácil, mas é essencial e necessário.

Você não fica mais chateado porque determinada pessoa ou situação o feriu emocionalmente. Agradece porque sabe que essa pessoa ou situação foi apenas um instrumento para mostrar que ainda existe uma determinada memória para ser curada em você. Você não briga mais com a vida, amaldiçoando uma doença, uma perda ou qualquer tipo de situação que gere insatisfação ou dor emocional. Agradece porque reconhece que essa situação foi atraída para sua vida por uma memória e agora você tem o poder de decidir liberá-la.

Ao repetir "sou grato", ou "eu agradeço", entrega e confia na Divindade que sabe o que é melhor para você, para o seu plano de Alma. Você agradece com o sentimento de que tudo já está certo, resolvido e nada te falta. "Sou grato" porque confio na Inteligência Maior, que rege o funcionamento do Universo e sente apenas amor. Quanto mais você agradece por tudo, pelas coisas mais simples, mais você sente a sua conexão com tudo e o Todo e confia no fluxo da vida. Quanto mais confiança e gratidão você sente, mais o Divino tem o poder de inspirar com o amor e a abundância e mais você se torna um canal da luz.

Você só será capaz de manifestar uma nova realidade de abundância se for grato pelo que já possui.

"Quanto mais você agradece, mais coisas boas acontecem."

COMO PRATICAR O MANTRA
das quatro frases

Como devo dizer as quatro frases?
Você pode repetir mentalmente, sussurrando, em voz alta ou até mesmo cantando.

Quantas vezes preciso repetir?
Mais importante que a quantidade é a qualidade da repetição. É essencial fazer com seu coração, com sentimento. Muitas pessoas acreditam que, para praticar Ho'oponopono, precisam repetir o mantra por 108 vezes, porque é assim que ocorre na tradição do yoga; se você quiser repetir 108 vezes, pode fazer, mas não existe uma regra determinando isso. Minha experiência mostra que é melhor repetir menos vezes com concentração e sentimento do que ficar o dia todo fazendo repetições.

Posso utilizar as quatro frases como uma meditação?
Pode sim!
É uma excelente forma de praticar as quatro frases.

Preciso usar aquele cordão — japamala — de contas para repetir as quatro frases?
Não há necessidade, mas se gosta ou sente que ele ajuda a concentrar, pode utilizá-lo porque não existe uma regra. Lembre-se que o Ho'oponopono é um sistema aberto, que cada um irá aplicar da sua forma, desde que respeitado os seus princípios.
Um *japamala* (*japa* = repetição + mala = cordão) é um cordão, geralmente com 108 contas, (alguns possuem nove), muito utilizado nas tradições budistas e hindus para contar o número de repetição do mantra. Se optar por utilizar um, é importante que ele seja de uso pessoal. Quanto mais o utilizar, mais irá carregá-lo de energia positiva.

Posso repetir as quatro frases enquanto estou fazendo outra atividade?
Pode, sim. Você pode repetir enquanto lava louça, faz sua caminhada, passeia com o cachorro, está na fila do cinema etc. Faça sempre com seu coração.

Posso utilizar um áudio com as quatro frases durante o sono?
Pode, mas não terá o mesmo nível de resultado de quando faz a sua prática com concentração e sentimento. Uma não substitui a outra. Durante o sono, a sua mente subconsciente continua funcionando, e é por isso que mesmo dormindo você terá benefícios, até porque, assim, você adormece numa sintonia elevada de amor e gratidão.

Posso repetir as quatro frases para uma outra pessoa?
Não. O Ho'oponopono é um sistema de autocura que você aplica em si mesmo. Mas você pode sim ajudar outras pessoas com o Ho'oponopono! Quando quiser ajudar outra pessoa, deve aplicar Ho'oponopono para limpar as memórias que existem em você e estão contribuindo para que aquela pessoa experiencie determinado problema ou sofrimento. Conforme já vimos, ao limpar a memória que compartilha com a pessoa, você a está ajudando.

Posso fazer as quatro frases para um animal de estimação?
Seguindo a lógica da pergunta acima, não. Se quiser ajudar o seu animalzinho de estimação, você deve praticar o Ho'oponopono em você. Ao limpar as memórias que carrega e que contribuem para que esse animalzinho esteja com determinado problema, você o estará ajudando.

Qual é a ordem correta das quatro frases?
A combinação dessas quatro frases é muito poderosa. Você pode usar como quiser: a ordem dos fatores não altera o resultado.

Qual é o correto: "muito obrigado" ou "sou grato"?
Aquilo que faz mais sentido para você. O que importa é a vibração, o sentimento que a palavra desperta.

QUAL É O SEU *problema?*

Muitas vezes, não entendemos por que certas coisas acontecem em nossas vidas. Silenciosamente, questionamos: "Por que tenho que enfrentar esse problema?"; "Por que preciso passar por uma doença, a perda de alguém querido, uma crise financeira?". Para o verdadeiro Ho'oponopono, um problema não tem a conotação negativa que estamos acostumados, de peso ou provação. Um problema significa que algo perturbou a minha paz — desde uma leve insatisfação até uma grande dor emocional.

Você já sabe: todos os problemas são uma oportunidade de aprendizado e evolução. Eles nunca são causados por outras pessoas, lugares ou situações, mas sempre têm origem em uma memória limitante que precisa ser purificada.

Este é o princípio elementar do Ho'oponopono: você é 100% responsável por tudo o que acontece na sua vida. Não existe nenhum culpado ou vítima, apenas você sendo 100% responsável e criador da sua realidade. O mundo é um espelho. Tudo o que enxerga lá fora é o reflexo do que existe dentro de você: memórias ou inspiração.

*"A sua realidade exterior é
o reflexo da sua realidade interior."*

A grande Kahuna Morrnah Simeona afirmava que os seres humanos estão sobrecarregados pelo passado e, sempre que alguém sente medo, preocupação ou estresse, é porque tem alguma memória atuando silenciosamente. As memórias são como manchas que impedem a luz de entrar; quando você limpa e muda a sua forma de pensar e sentir, a sua realidade se transforma.

Um ponto importante: você não tem o poder de mudar os fatos ou as outras pessoas, mas tem o poder de mudar o que sente em relação a eles. Não é o fato em si o seu problema, mas o sentimento que ele desperta em você. Um mesmo fato pode gerar sentimentos diferentes em pessoas diferentes, dependendo das memórias que cada pessoa tem dentro de si. Se você sente raiva, impaciência, culpa ou medo em relação a uma situação, agradeça por isso, porque a situação apenas está mostrando que esse sentimento existia dentro de você. Agora que foi trazido à superfície, você tem a oportunidade de limpar esse sentimento.

Mesmo quando tem um problema com outra pessoa, nunca é com ela. Você apenas está reagindo a uma memória que está dentro de si (no seu inconsciente) e que agora está sendo trazida à superfície (tomando consciência). Por isso, quando estiver enfrentando um problema que envolve outra pessoa, apenas aplique a Pergunta Chave dos Milagres: qual é a memória em mim que está fazendo com que essa pessoa ou situação perturbe a minha paz? Se quiser resolver um problema, trabalhe em você mesmo, na limpeza e purificação das suas próprias memórias.

"Eu não vejo o mundo como ele é, eu vejo o mundo como eu sou."

As memórias atuam como uma espécie de lente, determinado a forma como você enxerga a vida. E o Ho'oponopono ensina a remover essas lentes para perceber o que é real. Você resolve um problema e depois um novo problema surge. Um problema é uma oportunidade. Por isso, você não luta contra o problema, mas o acolhe. Você busca entender por que isso está acontecendo na sua vida e o que precisa aprender. Se acredita que não tem nenhum problema, isso é um problema — sempre temos algo a melhorar, a aprender e evoluir. Aí, o seu problema é não conseguir reconhecer no que você pode crescer e evoluir.

EXERCÍCIO
identifique o problema

Este exercício é para ajudar você a identificar o seu problema atual, o que está bloqueando a sua vida agora. A partir do momento em que você o identifica, assim como o sentimento ligado a ele, você pode aplicar as técnicas do Ho'oponopono para iniciar o processo de limpeza.

Em um lugar tranquilo, sente-se de forma confortável e faça algumas respirações mais profundas até sentir que sua mente está serena e calma. Agora é o momento de ouvir a sua criança interior ferida. Não é o momento de querer ser perfeito e evoluído; é hora de ser honesto e olhar para tudo que está incomodando você. Mantenha o seu coração aberto enquanto responde:

Qual é o seu problema hoje? O que você gostaria de melhorar?
(Se você não consegue pensar em algo para melhorar, isso já é um problema)

Quais os sentimentos surgem quando você pensa neste problema?
_____
_____
_____
_____
_____
_____
_____
_____
_____
_____
_____

Quanto isso já custou pra você? O que você já perdeu por não resolver este problema?
(Quanto custa você não ter o emprego dos seus sonhos? O relacionamento perfeito que deseja? A liberdade e prosperidade financeiras?)
_____
_____
_____
_____
_____
_____
_____
_____
_____
_____
_____
_____

Quão comprometido a resolver este problema você está?

APLIQUE O MANTRA DAS QUATRO FRASES DO HO'OPONOPONO PARA O PROBLEMA QUE VOCÊ IDENTIFICOU

Eu sinto muito por compartilhar esta memória de _____
_____
_____

(escreva aqui qual é o seu sentimento em relação ao problema: raiva do meu trabalho, pena de mim mesmo, frustração com meu filho etc.).

Divino Criador, por favor, me perdoe e me ajude a me perdoar.

Eu te amo e me reconheço como uma extensão do Divino Criador.

Sou grato pela oportunidade de limpar e curar estas memórias compartilhadas através dos tempos e das gerações.

Eu sinto muito, me perdoe, eu te amo, sou grato.

Repita por 3x fazendo o exercício com concentração e sentimento. Você pode aplicá-lo várias vezes ao dia, sempre que sentir vontade ou necessidade de se purificar.

Eu **não** vejo o mundo *como ele é*
Eu **vejo** o mundo **COMO EU SOU**

@amandaldreher

História do Buda de Ouro

Na década de 1950, na Tailândia, iniciaram as obras da construção de uma rodovia que atravessaria Bangcoc, e bem no meio do caminho ficava um mosteiro muito antigo. Por isso, os monges do local receberam a tarefa de transferir um buda gigante de argila de um templo para outro.

O Buda era tão grande e pesado que foi necessário utilizar um guindaste para içar aquela enorme estátua. Como ela era muito antiga, no processo de transporte, apareceram algumas rachaduras. E, como se não bastasse, no meio do percurso de um templo para o outro, começou a chover.

Os monges, preocupados em preservar a estátua, a colocaram no chão e fizeram uma tenda com lona para protegê-la. Durante a noite, o monge superior quis verificar o estado da estátua de Buda. Ele ligou uma lanterna para ver se a estátua estava seca e logo percebeu que no lugar das rachaduras aparecia um reflexo muito brilhante. Intrigado, olhou com mais atenção e teve a impressão de que a argila estava escondendo outra coisa. Na mesma hora, foi buscar um cinzel e um martelo e começou a delicadamente retirar os pedaços de argila rachada.

À medida que o trabalho do monge avançava e que os pedaços de argila eram retirados, o Buda ia se tornando cada vez mais brilhante. Depois de uma noite inteira de trabalho, retirando camadas e camadas de argila, o monge teve uma incrível surpresa: viu diante dele uma enorme estátua do Buda de ouro maciço.

Os historiadores acreditam que, vários séculos antes, quando o exército birmanês estava se preparando para invadir esta região da Tailândia, os monges, com medo da iminência do ataque, protegeram seu precioso Buda com grossas camadas de argila. Como todos os monges morreram durante o ataque, a estátua de Buda foi abandonada e só houve necessidade de mexer nela novamente mais tarde.

Esta história nos faz refletir sobre quantas camadas de memórias carregamos em nossa mente subconsciente, ocultando a nossa verdadeira essência, nossa luz. Na época da guerra, a camada de argila protegeu a estátua do Buda e ele deve ter sentido amor e gratidão por esta proteção. Mas agora ela não era mais necessária.

Assim é na sua vida: as memórias que carrega foram criadas e compartilhadas com você nos momentos de desafios, e agora é o momento de agradecer a cada uma delas e se libertar para voltar a ser um canal da luz. Você só irá conseguir acessar todo o seu potencial se remover as camadas de argila, as memórias que sua mente ainda teima em carregar na tentativa insana de te proteger.

O Ho'oponopono é esse processo de limpeza das memórias. Você não as nega nem luta contra elas, mas acolhe cada uma com amor e gratidão, honrando sua história e reconhecendo a sua importância no seu processo de cura e evolução.

CURAR
a si mesmo

O verdadeiro Ho'oponopono é um caminho para você se purificar e se curar. Quando utilizamos a palavra cura, não estamos nos limitando à cura de uma doença física, mas ao sentido mais amplo da palavra: solucionar um problema, ou seja, retornar ao estado perfeito. É um processo de limpar memórias e padrões que bloqueiam a sua energia e permitir que sua mente seja inspirada pelo amor divino. Retornar ao estado perfeito não é essa perfeição ilusória que estamos acostumados a imaginar, em que tudo está certo do jeito que a sua mente (ego) acredita que é o certo.

Perfeição não significa ausência completa de problemas ou que um determinado problema nunca mais se repita, até porque existem múltiplas causas para o que parece ser o mesmo problema. Também não significa que a sua resolução se dará da forma como você acredita que é o correto, e sim da forma como a Divindade sabe que é o correto e o melhor para você agora.

A perfeição não tem a ver com resultados, mas com um estado de paz interior e harmonia.

"Podemos pedir à Divindade, que conhece o nosso projeto individual, para curar todos os pensamentos e memórias que estão nos bloqueando neste momento." (Morrnah Simeona)

A cura que você busca nem sempre é a que você precisa. Muitas pessoas procuram o Ho'oponopono para ter a cura de uma doença, conquistar um novo trabalho, melhorar um relacionamento ou atingir uma meta. Então, se esse objetivo não for atingido da forma como gostariam ou no tempo que gostariam, acreditam que o Ho'oponopono não funciona.

Porém, a cura significa atingir um estado de paz interna independentemente de atingir ou não um objetivo. Se quer melhorar a sua vida, precisa amar a si mesmo. Para essa filosofia, não existe nada lá fora, pois tudo está dentro de você. Você só precisa limpar o caminho para permitir que o Divino flua através de você, porque Ele sabe o certo, tem as respostas e nos mostra o caminho; mas a nossa mente consciente quer controlar porque acha que sabe o que é certo, e é aí que nos desconectamos.

"É um processo de desfazer energias tóxicas que existem dentro de nós para possibilitar o impacto de pensamentos, palavras e ações divinos."
(Joe Vitale)

Ao aprofundar a prática do Ho'oponopono, você começa a ter cada vez mais consciência do inconsciente, e é justamente isso que permite que tenha resultados melhores. Uma das dúvidas que mais recebo é: "Me ajuda, Amanda! Comecei a fazer Ho'oponopono e estou pior, ou não estou fazendo certo, ou para mim não funciona.". Não é que não funcione, nem que não esteja fazendo certo, e também não é que você esteja pior. O que acontece é que agora você está consciente da quantidade de memórias e padrões que estavam guardados bem lá no fundo e você não se permitia olhar.

Olhar para tudo isso e ter essa consciência é um grande passo que você dá para limpar as memórias e curar sua vida. É desconfortável tomar consciência delas e assumir a sua responsabilidade, mas, como sempre digo para os alunos, é apenas um desconforto inicial temporário — D.I.T.: se você continuar, ele vai passar.

O problema é que, quando está sozinho no processo de cura, a sua mente, ao sentir esse desconforto, faz com que você desista. Quanto mais treinar sua mente para um estado de presença e serenidade, mais consciência terá, e isso irá te permitir pensar, sentir e agir com base na inspiração, e não apenas reagir por meio das memórias.

EXERCÍCIO
autocura

Este exercício é um aprofundamento do anterior, *identifique o problema*.

Faça algumas respirações e, se possível, medite por alguns minutos para serenar a sua mente e estar mais presente no aqui e agora. Agora, pense e reflita em como você tem se sentido em relação a cada uma das áreas da vida: leve o tempo que for necessário, não tenha pressa.

Nos seus relacionamentos, como você tem se sentido?
Empolgado, satisfeito, apaixonado, abençoado por ter pessoas incríveis ao seu redor? Ou irritado, desanimado, chateado com tantas cobranças, críticas? Quais pensamentos você tem em relação aos seus relacionamentos? Exemplos: "meu marido não me entende", "ninguém me ajuda", "nenhum casamento é como comercial de margarina", "meu filho é tão inteligente", "a coragem da minha mãe me inspira"...

No seu trabalho, como você tem se sentido?
Feliz, realizado, valorizado, motivado? Ou cansado, desanimado, com raiva das pessoas que não o valorizam, preocupado? Quais pensamentos você tem em relação ao seu trabalho? Exemplos: "mais uma semana pela frente", "quando eu me aposentar eu vou ser feliz", "ou você faz o que ama, ou ganha dinheiro", "estou tão empolgada com este novo projeto"...

Em relação à sua saúde, como você tem se sentido?
se sentido mais cansado do que gostaria? Quais pensamentos você tem em relação à sua saúde? Exemplos: "não aguento mais não dormir direito", "tenho me sentido tão cansada ultimamente", "me sinto tão jovem, parece que o tempo não passa pra mim"...

Em relação às suas finanças, como você tem se sentido?
Em relação às suas finanças, como você tem se sentido? Próspero, abençoado, grato? Ou desapontado por não ter condições financeiras para fazer e ter as coisas que gostaria? Quais pensamentos você tem em relação às suas finanças? Exemplos: "na minha idade, não tem como ter prosperidade", "melhor ter saúde do que ter dinheiro", "eu deveria ganhar mais", "nessa época de crise, não tem como prosperar", "olha só tudo que eu consegui fazer com o dinheiro que gerei este mês"...

Quais pensamentos e sentimentos você identificou para cada área?

_____
_____
_____
_____
_____
_____
_____
_____

AGORA, ESCOLHA UMA DESTAS MEMÓRIAS PARA APLICAR O MANTRA DAS QUATRO FRASES DO HO'OPONOPONO
(sempre uma memória de cada vez)

Eu sinto muito por compartilhar esta memória de _____
_____
_____

(escreva aqui o seu sentimento em relação ao problema: raiva do meu trabalho, pena de mim mesmo, frustração com meu filho etc.).

Divino Criador, por favor, me perdoe e me ajude a me perdoar.

Eu te amo e me reconheço como uma extensão do Divino Criador.

Sou grato pela oportunidade de limpar e curar estas memórias compartilhadas através dos tempos e das gerações.

Eu sinto muito, me perdoe, eu te amo, sou grato.

Repita por 3x — Coloque todo o seu coração na prática. Você pode aplicar este exercício várias vezes ao dia, sempre que sentir vontade ou necessidade de purificar.

MANTRA ATMA *Ho'oponopono*

Quero compartilhar uma prática muito especial, que irá ajudá-lo a limpar as memórias e se conectar com o Atma, para que entre em sintonia com a abundância divina. Este mantra permite honrar e agradecer sua história de vida, porque tudo o que você viveu importa; cada pessoa que passou pela sua vida importa. Ele permite ativar a força do Amor e canalizar essa energia para realizar tudo aquilo que o seu coração sonhar.

> **Sinto muito por todas as vezes que me afastei da verdade do meu Atma.**
>
> **Divino Criador, por favor, me perdoe e me ajude a me perdoar.**
>
> **Eu te amo e sou grato.**
>
> **Eu honro, agradeço e amo o meu Atma.**

Em um lugar tranquilo, sente-se de forma confortável e faça algumas respirações mais profundas até sentir que sua mente está serena e calma. Mantenha o seu coração aberto, enquanto você pensa na área da vida que quer mudar, no seu "problema".

O que você precisa deixar ir?

Por que ainda não deixou ir?

Por que não quer deixar ir?

Como sua vida pode ficar se você deixar ir?

Como sua vida pode ficar se continuar com isso na sua vida?

O que você realmente quer?

Por que quer?

O que precisa mudar para obter isso?

Vale a pena?

Qual é o próximo passo que precisa dar? Por que ainda não deu?

Do que você tem medo?

Anote:
___

Repita o Mantra Atma Ho'oponopono por nove vezes com a mão no coração.

COMO MEDITAR COM O VERDADEIRO *Ho'oponopono*

Quando for praticar o poderoso mantra das quatro frases, a Oração Original ou qualquer uma das técnicas Atma Ho'oponopono, você pode simplesmente repeti-los ou pode utilizá-los como uma forma de meditação. Para quem ainda não medita ou acredita que não consegue meditar, vou compartilhar algo que a minha experiência de mais de duas décadas no assunto me ensinou: todos conseguem meditar.

O que acontece, na maioria das vezes, é que a ideias que venderam para você sobre meditação não são realmente meditação. Isso me levou a escrever o meu primeiro *best-seller*, o *Meditar Transforma* — um guia prático para acalmar sua mente com 8 minutos diários.

Meditar não é zerar os pensamentos da mente, sentar no chão com as pernas cruzadas, não tem nada de místico, *zen* ou religioso. Também não é ficar horas com os olhos fechados. Meditar é conduzir a sua mente para um estado de calma e serenidade, em que você se desidentifica com toda conversa da mente subconsciente e se conecta com o Atma. Você se torna um observador do seu corpo e da sua mente. Por isso, para quem está começando, recomendo fazer meditações guiadas. Repetir o mantra das quatro frases, o Mantra Atma Ho'oponopono ou as técnicas servem como guia para conduzir sua mente para o estado de serenidade.

Uma das formas que o Dr. Hew Len utilizava para aplicar as técnicas do verdadeiro Ho'oponopono era através da meditação, além de uma técnica de respiração poderosa e um mudra para obter ainda melhores resultados. **A seguir, ensino como praticar o Mudra do Infinito e a Respiração Há, e no QR Code ao lado você também pode acessar um presente especial: um vídeo explicativo dessas duas técnicas.**

O Mudra do Infinito - Lemniscata

Mudra é uma palavra sânscrita que significa "selo", são gestos que fazemos com as mãos que nos conectam com energia específicas, como se fossem uma espécie de "antena energética" com o poder de conduzir a meditação a níveis mais profundos.

Cada mudra tem um significado e no processo do Ho'oponopono utilizamos o Mudra do Infinito ou Lemniscata, o símbolo do infinito representa a eternidade, o sagrado, a Divindade, a evolução, o amor e o equilíbrio entre o físico e o espiritual. Ele é representado por um oito deitado, ou seja, uma curva geométrica com um traço contínuo simbolizando em sua forma a inexistência do início e do fim, ou até mesmo do nascimento e da morte; o estado zero onde tudo flui abundantemente.

COMO FAZER:

MUDRA INFINITO

1   2   3

A Respiração Há

"Há", na língua havaiana, significa "vida". Respiração Há = Respiração da Vida. Ela ajuda no acúmulo de energia vital, facilitando, assim, o equilíbrio da energia divina em nós e restabelecendo a sintonia entre o corpo e mente. É excelente para trazer tranquilidade e alívio em situações de estresse. Nas primeiras vezes que for fazer, pode parecer um pouco complicado porque seus pulmões não estão acostumados, mas você vai ver que, depois de algumas vezes, vai ficar muito fácil. Você pode utilizar a Respiração Há de duas formas:

1. Antes de fazer uma técnica, mantra ou oração, porque a Respiração Há vai melhorar seu estado mental e emocional e potencializar os benefícios da prática.

2. Em qualquer momento do dia que sentir oscilações emocionais, dificuldade de se concentrar ou falta de energia. Você pode apenas fazer a Respiração Há, mesmo enquanto caminha, toma banho ou faz alguma outra atividade.

COMO FAZER A RESPIRAÇÃO HÁ

Respirando pelas narinas:
Inspire, contando mentalmente até sete: energizando cada parte do seu corpo, seus órgãos, ossos, moléculas, células e átomos.

Retenha o ar, mantendo seu pulmão cheio, contando mentalmente até sete: permitindo ao seu corpo descansar e regenerando todas as suas células.

Expire, contando mentalmente até sete: liberando todas as impurezas, energias tóxicas e bloqueios.

Retenha sem ar, contando mentalmente até sete: permitindo ao seu corpo ir se ajustando à serenidade e à paz.

Repita o processo todo por nove vezes e, em seguida, mantenha sua respiração suave.

Se você achou desconfortável ou teve sensação de falta de ar, comece contando até quatro em cada uma das etapas. À medida que vai desenvolvendo capacidade pulmonar, aumente o tempo até chegar ao sete.

TÉCNICA ATMA HO'OPONOPONO DE
Limpeza Inicial

A técnica Atma Ho'oponopono de Limpeza Inicial é uma prática de limpeza das memórias que atua em todas as áreas da sua vida: saúde, relacionamentos, realização profissional e prosperidade. Pode fazê-la na forma de uma meditação ou oração, sentado ou deitado, como ficar mais confortável para você.

Experimente fazer a Respiração Há antes da técnica e posicionar suas mãos no *Mudra* do Infinito. Minha recomendação é que faça em um lugar calmo, em que não seja interrompido, diminua a luz, coloque uma música suave e relaxe. Pode repetir quantas vezes quiser. Faça algumas respirações mais profundas. Apenas observe o ar que entra, o ar que sai.

Agora é o momento de liberar toda e qualquer memória de dor ou sofrimento que, de alguma forma, ainda estão presentes em algum nível ou dimensão da sua consciência, bloqueando sua luz e afastando-o do amor. Assumindo 100% de responsabilidade pelo seu processo de cura e por tudo o que acontece na sua realidade física e material, se conecte agora com a energia do amor divino e com a verdade do seu Atma. Repita mentalmente ou em voz alta:

> **Divino Criador, por favor, localize em mim a origem dos sentimentos e pensamentos de medo, crítica, cobrança, mágoas, culpas e frustrações que ainda guardo em minha mente subconsciente. Peço o teu perdão. Por favor, me perdoe. Sinto muito por ter compartilhado essas memórias. Me perdoe e me ajude a me perdoar. Que a luz do amor divino limpe, purifique, libere, corte e corrija todas as memórias, padrões, bloqueios, energias e vibrações negativas. Transmute essas energias indesejáveis em pura luz.**

Sinto muito. Me perdoe. Eu te amo. Sou grato.

Sinto muito por todas as vezes em que me afastei da verdade do meu Atma. Divino Criador, por favor, me perdoe e me ajude a me perdoar. Eu te amo e sou grato. Eu honro, agradeço e amo o meu Atma.

Por tudo que não me agrada na minha vida presente e passada, na minha saúde, nos meus relacionamentos, no meu trabalho e no que está ao meu redor, Divindade, limpe em mim o que está contribuindo com minha escassez.

Sinto muito. Me perdoe. Eu te amo. Sou grato.

Sinto muito por todas as vezes em que me afastei da verdade do meu Atma. Divino Criador, por favor, me perdoe e me ajude a me perdoar. Eu te amo e sou grato. Eu honro, agradeço e amo o meu Atma.

Peço perdão aos meus pais e a todos os antepassados e liberto-os de toda e qualquer cobrança, falta de amor e do sentimento de que já falharam comigo. Por mais difícil que seja perdoar alguém, sou eu quem pede perdão a esse alguém agora, por este instante, em todo o tempo, por tudo o que não me agrada em minha vida presente. Eu liberto meus filhos da necessidade de trazerem orgulho para mim. Que eles possam escolher seus próprios caminhos, de acordo com a vontade e a verdade da sua Alma, do seu Atma.

Sinto muito. Me perdoe. Eu te amo. Sou grato.

Sinto muito por todas as vezes em que me afastei da verdade do meu Atma. Divino Criador, por favor, me perdoe e me ajude a me perdoar. Eu te amo e sou grato. Eu honro, agradeço e amo o meu Atma. Eu pratico o Atma Ho'oponopono para limpar, purificar e transmutar toda e qualquer memória que bloqueia a minha energia e me afasta do amor.

Sinto muito. Me perdoe. Eu te amo. Sou grato.

Sinto muito por todas as vezes em que me afastei da verdade do meu Atma. Divino Criador, por favor, me perdoe e me ajude a me perdoar. Eu te amo e sou grato. Eu honro, agradeço e amo o meu Atma. Sinto muito. Me perdoe. Eu te amo. Sou grato.

Eu sou luz. Eu sou amor. Eu sou o Atma.

Eu sou luz. Eu sou amor. Eu sou o Atma.

Eu sou luz. Eu sou amor. Eu sou o Atma.

Fique na luz, fique no amor.

Sentindo a força, a grandeza e a sabedoria do seu Atma.

TENHO UM PRESENTE ESPECIAL PARA VOCÊ!

O Treinamento Completo Atma Ho'oponopono Nível 1 com a Técnica de Limpeza Inicial em vídeo! Incrível! Então, aponte a câmera do seu celular para o QR Code ao lado e tenha acesso a esse presente.

A ORIGEM DAS
dores e doenças

Seus pensamentos, sentimentos e emoções afetam seu nível de energia e saúde física. Não é só a doença que começa na mente. Tudo começa na mente.

Muitas das descobertas da mais moderna ciência sobre mente e corpo, sobre como os pensamentos e sentimentos influenciam a saúde física, já eram conhecidas pela medicina oriental e terapias energéticas há milhares de anos.

A Física Quântica nos trouxe o conceito de que tudo é energia. Nossa percepção do que é físico é só uma ilusão. Não há nada físico. Tudo é energia. As coisas materiais, o nosso corpo, os nossos pensamentos e sentimentos. Tudo é energia. Isso muda a nossa percepção sobre algo que parece ser sólido e permanente para algo que pode ser mudado e curado.

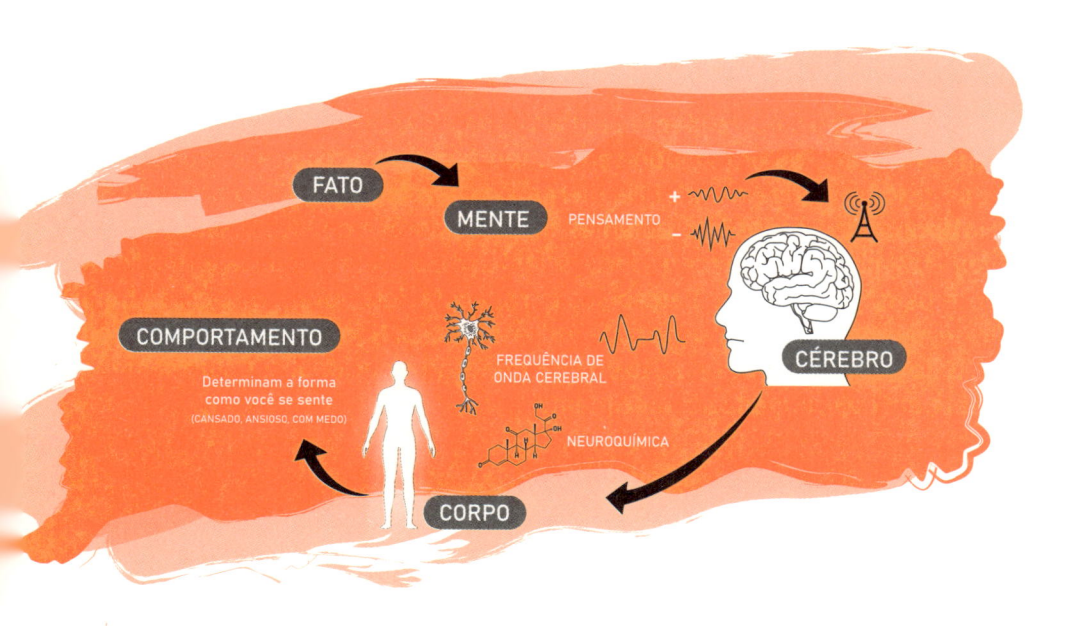

FATO → MENTE → PENSAMENTO → CÉREBRO → FREQUÊNCIA DE ONDA CEREBRAL → NEUROQUÍMICA → CORPO → COMPORTAMENTO (Determinam a forma como você se sente — CANSADO, ANSIOSO, COM MEDO)

Pensamentos saudáveis produzem química saudável. Pensamentos tóxicos produzem química tóxica. O tempo todo, a mente formula pensamentos sobre tudo o que acontece. Cada fato gera um pensamento, que pode ser positivo ou negativo, e este emite uma vibração, uma frequência de onda, conforme o seu tipo. Tal pensamento da mente é captado pelo seu cérebro – imagine que ele é o aparelho de rádio, e os pensamentos, as estações. O seu cérebro capta a vibração emitida pelo pensamento e começa a funcionar nessa determinada frequência. Ele ativa conexões neuronais e libera uma série de neuro-hormônios por todo o seu corpo, os quais determinam a forma como você se sente (cansado, disposto, feliz, triste).

Pensamentos e sentimentos negativos geram uma "química de estresse" no seu corpo, com níveis elevados de cortisol e adrenalina, baixos níveis de serotonina, endorfina e dopamina (hormônios do bem-estar). Isso gera o estado de desequilíbrio em diferentes órgãos. Já pensamentos e sentimentos positivos geram uma "química de serenidade", com níveis elevados dos hormônios do bem-estar, permitindo que o órgão e sistemas do seu corpo físico trabalhem em harmonia e saúde. Ao se sentir dessa maneira, novos pensamentos e sentimentos são criados, com uma mesma carga energética (positiva ou negativa) para justificar a forma como seu corpo se sente.

Assim, seu corpo e mente passam a trabalhar de uma forma automática e inconsciente, determinando seu comportamento, escolhas e saúde. Todo esse ciclo teve origem onde? Na mente, nos pensamentos. Para o verdadeiro Ho'oponopono, todos os problemas, inclusive dores e doenças físicas, têm origem nas memórias limitantes inconscientes e elas determinam a forma como você pensa, interpreta e percebe os fatos. Agora, leia novamente essa última frase, porque ela é o cerne de toda esta explicação. Não importam os fatos em si, tudo é neutro: o que importa é a interpretação emocional que sua mente faz sobre um determinado acontecimento.

Se sua mente está carregada de memórias, é como se ela estivesse usando óculos com lentes sujas que fazem você enxergar dor, sofrimento e negatividade e ter pensamentos negativos sobre os fatos, o que gera uma química de estresse que desequilibra o funcionamento dos órgãos e sistemas do seu corpo — doenças. Quanto mais limpa a sua mente está das memórias, mais você é capaz de perceber os fatos a partir da inspiração, com mais clareza, entendimento e confiança, gerando uma química de serenidade que mantém os órgãos do seu corpo funcionando em harmonia, com saúde e energia. Por isso, ao praticar o Atma Ho'oponopono, você está indo na origem de tudo e utilizando a inteligência natural do seu corpo para promover um estado de saúde integral.

As memórias que hoje se manifestam na forma de um problema de saúde podem ter sido criadas pela sua mente ou compartilhadas através das raízes ancestrais (pais, avós, bisavó), um tipo de laço energético que conecta você e seus antepassados. Por essa razão, algumas famílias apresentam problemas de saúde comuns em vários membros da família: um problema de pele que se repete por gerações, um problema cardíaco, uma tendência ao alcoolismo etc. São memórias compartilhadas.

É importante entender que o conceito de saúde perfeita do verdadeiro Ho'oponopono não significa que a cura irá acontecer do jeito que a sua mente quer ou no tempo e velocidade que acha certo. A cura é um estado de paz interior e harmonia em que você sente amor por si mesmo, independentemente dos resultados, pois confia na Inteligência Maior e entende as leis universais estudadas nos seis princípios do Ho'oponopono.

"Nós podemos recorrer à Divindade, que conhece nossa composição pessoal, para nos curar de todos os pensamentos e lembranças que nos retêm nesse momento." (Morrnah Simeona)

Para finalizar, o físico e pesquisador norte-americano Gregg Braden explica que "A melhor e mais moderna ciência mostra que cada órgão tem o poder de se curar sozinho, sob as condições corretas, no ambiente correto". Qual é o ambiente correto a que ele se refere? Alguns são elementos externos, como ar, água, comida, suplementos, ervas medicinais, produtos naturais. Neste livro, estamos falando dos elementos internos: seus pensamentos e sentimentos.

TÉCNICA ATMA HO'OPONOPONO
da Saúde Perfeita

Vamos fazer juntos agora a técnica Atma Ho'oponopono da Saúde Perfeita. Você pode fazê-la na forma de uma meditação ou oração. Ela limpa memórias criadas e compartilhadas através da ancestralidade que se manifestam na forma de problemas de saúde física e emocional. Antes disso, você pode fazer algumas Respirações Há, se sentir necessidade de acalmar a mente. Minha recomendação é que você faça em um lugar calmo, em que não seja interrompido, diminua a luz, coloque uma música suave e relaxe. **Vamos lá.**

Foque sua atenção na respiração. Deixe irem os pensamentos e preocupações. Apenas observe o ar que entra, o ar que sai. Se permita agora fazer uma limpeza profunda e despertar o poder de cura da sua Alma.

Neste momento, visualize um tubo de luz branca que desce do mais alto do céu em direção à sua cabeça, iluminando-a, descendo pelo seu tronco, indo em direção ao centro da Terra. Agora é o momento de você se libertar de todas as memórias de dor e sofrimento que ainda estão presentes em algum nível ou dimensão da sua consciência, bloqueando sua luz e te afastando do amor.

É o momento de cortar, romper e libertar todo e qualquer tipo de cordão relacional ou laço energético associado a qualquer tipo de dor ou doença. Uma luz azul índigo desce agora pelo tubo, banhando todo o seu corpo e dando início a uma limpeza profunda em todo seu campo de energia, em todos os seus corpos: físico, mental, emocional e espiritual. Limpando e purificando, profundamente, cada átomo ou partícula do seu ser.

Do alto da cabeça até os seus pés, permita que essa luz azul índigo penetre em cada parte do seu corpo físico, em todos os órgãos e em cada célula. Assumindo 100% de responsabilidade pelo seu processo de cura, você afirma:

Divino Criador, limpe e purifique toda e qualquer memória de dor ou sofrimento compartilhada ao longo das gerações e do tempo.

Sinto muito. Me perdoe. Eu te amo. Sou grato.

Divino Criador, limpe e purifique todos os bloqueios energéticos e padrões de sofrimento que me impedem de manifestar o estado de saúde perfeita e harmonia.

Sinto muito. Me perdoe. Eu te amo. Sou grato.

Divino Criador, limpe, purifique e transmute todo o emaranhado de laços cármicos que compartilho com minha família e antepassados e com toda a ancestralidade. Por favor, faça uma limpeza profunda em meu DNA — o DNA que compartilho com minha família e antepassados. Limpe e purifique. Corte e liberte todo e qualquer tipo de cordão relacional ou laço energético que esteja bloqueando o fluxo de energia essencial, causando qualquer tipo de desequilíbrio ao meu corpo físico, mental, emocional e espiritual.

Cortando e libertando. Libertando e perdoando. Cortando e libertando. Libertando e perdoando. Eu sou livre para ser quem sou de verdade. Eu sou o Eu sou. Eu sou o Espírito manifestado na matéria. Eu sou um com o Criador. Eu sou o Atma. Eu sou saudável. Meu corpo e minha mente são saudáveis. Eu honro, agradeço e amo este corpo que é o meu templo sagrado.

Eu sinto muito por todas as memórias de dor e sofrimento criadas ou compartilhadas por mim através dos tempos que desequilibraram a saúde do meu corpo físico, mental e emocional.

Sinto muito. Por favor, me perdoe.

Eu sinto muito por todos os bloqueios e padrões de medo, crítica, cobrança, culpa, raiva, mágoa, frustração que carrego silenciosamente e secretamente em meu coração.

Sinto muito. Por favor, me perdoe.

Eu peço ao Divino Criador que me perdoe e me ajude a me perdoar, libertando e perdoando na energia do amor.

Eu me perdoo. Eu permito que a luz do amor divino ilumine cada célula do meu ser neste momento, preenchendo todo e qualquer espaço com amor.

Eu te amo. Meu corpo, eu te amo. Minhas memórias, eu te amo. Eu te amo e sou grato. Eu honro, agradeço e amo o meu Atma.

Eu honro e agradeço às minhas memórias e reconheço a importância de cada uma em meu processo de cura e evolução. Eu honro e agradeço a todas as memórias compartilhadas por mim, minha família, antepassados e toda ancestralidade, através dos tempos e por toda a eternidade. Eu reconheço que cada um fez o melhor que pode, dentro do seu atual nível de consciência e evolução.

Não existe nada errado no Universo: tudo o que acontece tem um propósito e significado. Mesmo que minha mente, ainda limitada pelo tempo e espaço, não seja capaz de compreender. Agradeço. Sou grato. Agradeço por esta oportunidade de limpar, purificar e libertar todas estas memórias em mim.

Sinto muito. Me perdoe. Eu te amo. Sou grato.

Permito que a energia sagrada do Ho'oponopono me conecte com a luz do meu Atma, da minha Alma. Que a energia sagrada do Ho'oponopono ilumine cada célula do meu corpo. Que a luz do amor divino restaure o equilíbrio e harmonia dos meus corpos físico, mental, emocional e espiritual.

Sinto muito. Me perdoe. Eu te amo. Sou grato.

Uma luz verde esmeralda desce agora pelo tubo, iluminando todo o seu corpo, cada órgão e célula, percorrendo o DNA, iluminando o seu cérebro, desativando padrões mentais e conexões neurais que causam dor ou doença, ativando novas conexões neurais e promovendo uma nova química celular de saúde, equilíbrio e harmonia.

Meu sistema imunológico — Sinto muito. Me perdoe. Eu te amo. Sou grato.

Meu sistema nervoso — Sinto muito. Me perdoe. Eu te amo. Sou grato.

Meu sistema digestório — Sinto muito. Me perdoe. Eu te amo. Sou grato.

Meu sistema cardíaco, coração, veias e artérias — Sinto muito. Me perdoe. Eu te amo. Sou grato.

Meu sistema respiratório — Sinto muito. Me perdoe. Eu te amo. Sou grato.

Minha musculatura, nervos e tendões — Sinto muito. Me perdoe. Eu te amo. Sou grato.

Meus ossos e articulações — Sinto muito. Me perdoe. Eu te amo. Sou grato.

Meu sistema reprodutor — Sinto muito. Me perdoe. Eu te amo. Sou grato.

Meu sistema endócrino — Sinto muito. Me perdoe. Eu te amo. Sou grato.

Minha pele — Sinto muito. Me perdoe. Eu te amo. Sou grato.

Todo o meu corpo — Sinto muito. Me perdoe. Eu te amo. Sou grato.

Meu corpo sabe como lidar com situações de estresse com facilidade e sem esforço. Meu corpo sabe como lidar com tudo o que causa irritação com calma e sabedoria.

Eu te amo. Sou grato.

Todos os órgãos do meu corpo e todas as suas células estão em perfeito funcionamento e harmonia.

Eu te amo. Sou grato.

A luz verde esmeralda continua descendo do alto do céu em direção ao alto da sua cabeça, iluminando-o por dentro e por fora e conectando-o com a verdade da sua Alma, do seu Atma, em um nível profundo. Você se reconhece como uma extensão do Divino Criador. Deste centro de amor e luz, sente paz dentro de você. Tudo está bem. Tudo está certo.

Sinta-se merecedor de sentir esta paz, de estar em paz com você, em todos os níveis e em todos os tempos. De estar em paz com a vida. Concentre agora sua atenção em um grande sol dourado que brilha acima da sua cabeça, irradiando luz em todas as direções: uma energia intensa que penetra sua testa, seu peito, todo o seu corpo.

Você se sente cheio de energia e motivação.

Você se sente inspirado com coragem e confiança.

Você sente a força e a sabedoria do seu Atma preenchê-lo.

Você reconhece a grandeza e o amor do seu Atma.

Permita que a luz dourada do sol preencha cada célula do seu corpo, cada partícula do seu ser. Permita que a energia harmoniosa do sol ilumine você e sua vida.

Sinta a energia do sol iluminá-lo da cabeça aos pés e permita que ela o envolva. Sinta a energia se movimentando em você e através de você — a luz dourada em movimento preenchendo seu corpo com saúde e vitalidade, conectando-o à fonte inesgotável de energia, ao Atma.

Permita que a luz dourada do sol ilumine seu cérebro, coração, pulmões, estômago, fígado, pâncreas, rins, bexiga, intestinos, órgãos do sistema reprodutor, ossos, músculos, articulações, tendões, pele, rosto, glândulas endócrinas, circulação sanguínea, sistema nervoso e toda a cadeia do DNA. Enquanto suas células são banhadas por essa luz dourada, elas recuperam seu estado natural de saúde, equilíbrio e vitalidade, restabelecendo a saúde em todos os níveis e dimensões do seu ser.

Meu corpo, eu te amo. Meu corpo, eu te amo. Meu corpo, eu te amo e reconheço a importância deste templo sagrado.

Você sente paz. Um estado de calma e serenidade. Uma energia radiante de amor que pulsa e vibra através de você. Você se sente acolhido, amparado, amado pelo Divino Criador. Você é amor. É o Atma.

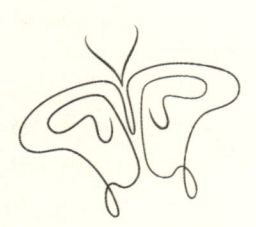

Água solarizada azul

Outra técnica que colabora com a sua saúde e que é uma incrível ferramenta de limpeza do verdadeiro Ho'oponopono que preciso compartilhar aqui com você é água solarizada azul. Nossa, quando eu escrevi o meu 2º livro, *Stop Ansiedade - o guia definitivo para você sair do ciclo da ansiedade emocional* - ensinei esta técnica de limpeza, e desde então tenho recebido um retorno incrivelmente positivo. Agora chegou a sua vez — depois me conta sua experiência, me manda um direct no Instagram @amandaldreher, vou amar saber. A água solarizada azul é capaz de gerar resultados surpreendentes:

- **Diminui a ansiedade, ajuda a relaxar e acalmar a mente;**
- **Dissolve tristeza, medos, culpas e mágoas;**
- **Traz clareza interior** (capacidade de enxergar além, sem rigidez mental ou ideias fixas);
- **Dá coragem para fazer mudanças;**
- **Auxilia no processo de autoconhecimento e conexão interior;**
- **Faz a conexão com o fluxo da vida e da abundância;**
- **Conecta com a Energia do Amor.**

É claro que a água solarizada azul produz efeitos diferentes e particulares em cada pessoa. Afinal, cada um de nós está em um processo único de cura e resgate interior. O melhor de tudo: a água solarizada azul funciona mesmo que a pessoa não acredite ou mesmo que ela nem saiba que está bebendo. Antes de eu explicar como fazer a água solarizada azul, deixa eu te explicar por que ela funciona: O corpo humano é constituído de 80% de água, e esta água vibra numa determinada frequência, conforme os pensamentos, sentimentos e emoções que temos ao longo dos dias, meses e anos. A água é um elemento condutor de energia, com capacidade de atrair e reter em si qualquer tipo de energia (tanto positiva como negativa), inclusive energia elétrica. Por essa razão, podemos considerá-la um acumulador energético. A água solarizada azul resulta da energização da água por meio da energia solar e da cor azul. A luz do sol tem um efeito purificador, renovador e revitalizante. Combinando-a com a cor azul, através da cromoterapia, ativamos um efeito calmante, relaxante e curador. Ao beber a água solarizada azul, você preenche o seu corpo com essa nova vibração. Todas as células do seu corpo e a sua mente são inundadas por essa nova frequência de paz, tranquilidade e harmonia. Quer saber como fazer esta água poderosa? Você vai ver que é muito simples:

- **Use uma garrafa de vidro azul**
  (qualquer cor de azul vai funcionar: do azul claro ao azul escuro).

- **Preencha-a com água filtrada ou mineral.**

- **Cubra a garrafa com um pedaço de filó, algodão ou até mesmo uma gaze.**

- **Prenda com uma borracha ou fita.** A finalidade do paninho é apenas protegê-la da sujeira e dos insetos, mantendo-os fora.

- **Coloque-a exposta ao Sol durante duas horas ou mais**
  (quanto mais tempo ficar, mais energizada).

- **Prontinho, agora é só beber!** Você vai ver que esta água fica levemente adocicada, uma delícia!

- **Use sua criatividade:** no preparo de sucos, chás, banho, para regar as plantas, lavar as roupas. Quanto mais você usar mais benefícios vai ter.

- **É importante lembrar que a água solarizada não pode ser fervida e nem congelada**, pois as partículas tornam-se neutras, perdendo o seu efeito.

- **A validade da água solarizada é de 4 a 5 dias.** Ela pode ser armazenada na geladeira (particularmente, eu não gosto e não faço isso).

ESTAMOS TODOS CONECTADOS:
Cordas Aka

Cada um de nós possui a essência divina presente em nossos corações. Somos todos parte de um mesmo Universo. Somos o Atma, uma extensão do Divino Criador. Se tudo o que existe no Universo é energia, logo, tudo emite uma vibração. Todos os átomos enviam e recebem energia e, através do princípio da ressonância, atraem e se conectam com vibrações semelhantes.

Existe uma força invisível que nos conecta uns aos outros, e essa conexão não acontece ao acaso: há uma Inteligência Maior organizando tudo isso. Em algum nível ou dimensão, seja física, química, vibracional ou espiritual, você e eu, humanos, animais, plantas, cristais e toda natureza estamos unidos, conectados. Não somos seres isolados, porque, afinal, somos todos um. Fazemos parte do mesmo Universo. Tudo o que acontece na vida lá fora afeta o nosso equilíbrio, assim como o nosso equilíbrio afeta a vida lá fora.

Uma incrível descoberta do Heart Math Institute comprova o quanto influenciamos e somos influenciados, o tempo todo, pelas outras pessoas: o campo eletromagnético gerado pelo coração possui um raio de aproximadamente 8 metros.

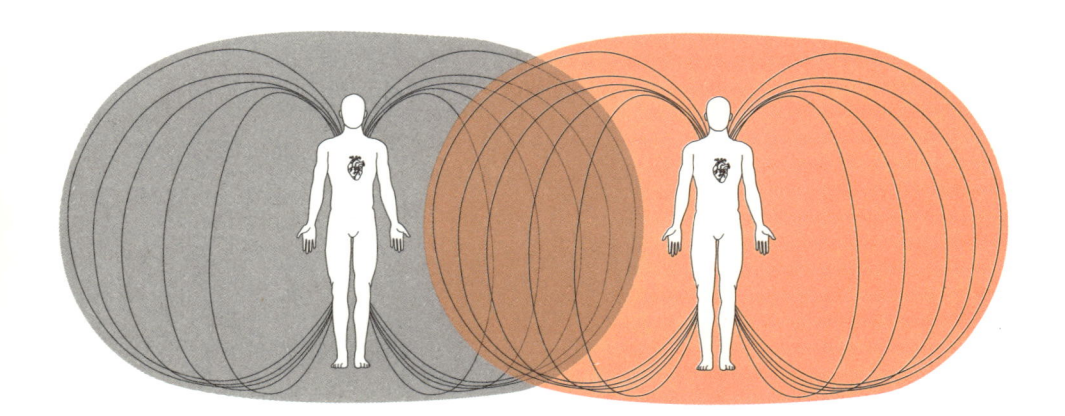

Agora, pense no quanto você toca e é tocado energeticamente pelas outras pessoas: na sua casa, no seu trabalho, no avião, no supermercado. Estamos todos conectados dentro de um campo morfogenético. A teoria do campo morfogenético, desenvolvida pelo biólogo inglês Rupert Sheldrake, explica que existe uma energia invisível que cria uma espécie de padrão para ordenar todas as formas de vida. Então, somos influenciados, sabendo ou não, por campos morfogenéticos: sua família, seu local de trabalho, o lugar onde mora, o grupo de amigos.

Todos os acontecimentos na humanidade, como também ações e fatos de desordem que atingiram nossos familiares e antepassados e também experiências vivenciadas em nossa própria vida desde o início da criação, criaram laços energéticos ou cordões relacionais que nos conectam num nível morfogenético. O Ho'oponopono chama isso de Cordas Aka, e é através delas que compartilhamos pensamentos, sentimentos e memórias.

Reflita se isso já aconteceu com você: pensar em alguém e logo depois essa pessoa mandar uma mensagem? Sonhar com alguém que fazia anos que você não encontrava e, nos dias seguintes, ficar sabendo algo sobre ela ou encontrá-la? Sentir que uma pessoa querida não está bem, e aí você entra em contato e descobre que ela está enfrentando um problema? Ou, ainda, ver que um determinado problema se repete na sua linhagem familiar — desde um determinado tipo de doença, comportamento ou experiência?

Quanto mais intensa, duradoura e profunda é a nossa ligação emocional com alguém, maior é esse laço energético (Corda Aka) e mais energia e troca de informações flui por ele. Por exemplo, o cordão relacional entre mãe e filho ou um casamento de décadas são relacionamentos com um laço energético muito profundo. Muito diferentes de um namoro de algumas semanas em que as pessoas mal se conhecem.

Muitas vezes, você não entende de onde vem um determinado tipo de pensamento ou sentimento, como rejeição, medo, escassez, cansaço, e aí, quando olha para a sua ancestralidade, percebe essas memórias de mesma vibração sendo silenciosamente compartilhadas com você. Quando você está conectado ao Atma e vive a partir da inspiração, compartilha através desses cordões: amor, alegria, respeito, gratidão. Agora, quando vive a partir das memórias, as compartilha nos seus relacionamentos: crítica, cobrança, irritação, mágoa, frustração, culpa.

O Ho'oponopono atua fazendo a limpeza das memórias compartilhadas em todos os níveis, cortando os laços energéticos que ainda nos prendem a determinadas situações do passado e liberando nossa energia para encontrar a paz do presente. A grande maioria das pessoas está presa em um emaranhado de laços energéticos que as impede de manifestar todo o potencial da sua identidade da Alma. São tantas cobranças, projeções e expectativas que isso gera uma confusão a nível vibracional que acaba com qualquer tentativa de realização pessoal e profissional.

Tudo que você pensa e sente, mas não fala, a outra pessoa recebe. Não importa até mesmo se essa pessoa já partiu desta existência e se encontra em uma outra dimensão. O mais incrível dentro dos relacionamentos é que, quando começa a trabalhar em você e melhorar, a outra pessoa também melhora, porque você limpa a memória que estava compartilhando com ela.

Na época em que atendia em consultório, recebi muitos casos de mães que buscavam ajuda terapêutica para um filho que havia sido diagnosticado com TDAH, ansiedade, hiperatividade. Já na primeira consulta, ao conversar com a mãe, eu percebia que quem precisava de ajuda era ela, e não a criança. Normalmente, a mãe ou o pai está passando por um grande desafio a nível emocional, um problema: seja uma insatisfação profissional, uma crise financeira ou no casamento, entre outros. Eles tentam ao máximo ser fortes e proteger essa criança. Mas mesmo que não falem nada, ela recebe tudo isso através da energia que flui pelos cordões relacionais (Cordas Aka). Por isso, quando uma mãe ou um pai quer ajudar um filho, a melhor forma de fazer isso é ficando bem, porque eles emanam a energia para os filhos o tempo todo.

Quando trabalha em você, você ajuda o outro: o Ho'oponopono é um processo de autocura em que você limpa em si mesmo as memórias que compartilha com a outra pessoa, sem invadir o campo de energia dela. Por isso, só quando se liberta desse emaranhado energético dos cordões relacionais é que se torna livre para seguir o seu próprio caminho e realizar o seu propósito de vida, da sua Alma.

Eu sei que às vezes não é fácil. Eu entendo, pois para mim também não é, afinal, todos carregamos memórias. Mas quanto mais você aplica o Ho'oponopono, menos irá julgar as outras pessoas. Quando a sua mente sai do nível do julgamento, não existem mais cobranças, críticas e comparações. Existe o acolher o outro exatamente do jeito que ele é: amor incondicional.

Muitas vezes, nos relacionamentos familiares estão os maiores desafios para conseguir atingir o estado de paz interior e harmonia. Isso acontece porque, como vimos, quanto mais profunda for a ligação através do cordão relacional, mais quantidade de energia é trocada e mais memórias são compartilhadas. Para o Ho'oponopono, a família é chamada de *ohana*, que significa várias plantas com uma mesma raiz. Se uma pessoa tem um problema, todos da família têm um problema. A partir de agora, pense em cada membro da sua família como uma planta, compartilhando de uma mesma raiz. Ao pensar no seu trabalho, veja você e cada uma das pessoas que fazem parte dessa empresa ou projeto como plantas que compartilham de uma mesma raiz.

RAÍZES
Ancestrais

Agora, quero falar de um tipo especial de memórias compartilhadas: as que compartilhamos com a ancestralidade (pais, avós, bisavós), porque a carga vibracional que trocamos a partir desses cordões relacionais (Cordas Aka) é muito intensa. Todas as memórias dos seus antepassados estão sendo compartilhadas com você, influenciando de forma inconsciente todas as áreas da sua vida.

Imagine que você tem uma mãe que foi uma guerreira. Quando pensa nela, você reconhece o quanto ela teve que se esforçar na vida. Assim, a sua mente subconsciente conclui que: se a mãe é uma guerreira, logo, a vida é uma luta, é muito sofrida e precisa de muito esforço. Assim, você passa a agir a partir de uma memória: "Eu preciso ser forte, preciso ser guerreiro!".

Talvez, sua mãe ou sua avó precisaram ser guerreiras, superar desafios, ser fortes e duronas para dar conta de tudo. Se esse peso emocional nunca foi limpo, está sendo compartilhado com você. Esse é um exemplo, mas pense em toda carga emocional que vem sendo compartilhada por gerações e gerações através das raízes ancestrais na sua família: escassez, não merecimento, mágoas, vitimizações, fracassos, medos.

Muitas vezes, é a memória compartilhada que faz com que você se esforce tanto e não consiga ter prosperidade, ou não se sinta merecedor do amor nos relacionamentos. Hoje, ao ter consciência de tudo isso, você assume sua responsabilidade no processo de limpar e liberar as memórias compartilhadas através das gerações. Porque você é o Atma, é 100% responsável.

Agora, vamos avançar ainda mais no conceito das raízes ancestrais. Imagine que você é uma árvore. Para que essa árvore cresça forte, se expanda ao máximo e se torne capaz de produzir muitos frutos, do que ela precisa? Precisa de raízes fortes! Se tiver raízes fracas e superficiais, não vai ter energia para crescer, não será capaz de enfrentar tempestades e nem mesmo de produzir frutos. Todos os seus antepassados representam as suas raízes, por isso, as chamamos de raízes ancestrais.

Qualquer tipo de julgamento, cobrança, crítica ou rejeição que nutrimos, mesmo que silenciosamente no nosso coração, em relação aos nossos antepassados, danifica as raízes e te enfraquece. Culpas, mágoas, frustrações, arrependimentos, insatisfações projetadas aos nossos antepassados são como ervas daninhas que lentamente vão se infiltrando e bloqueando sua prosperidade, felicidade e realização.

O verdadeiro Ho'oponopono é perdão, amor e reconhecimento da Divindade que cada um de nós é, independentemente do que a mente julga certo ou errado, bom ou mau, vítima ou vilão. É reconhecer que cada um deu e dá o seu melhor, dentro do seu atual nível de consciência e evolução. É honrar e agradecer a cada um que veio antes, porque é justamente por terem vindo antes que você está aqui.

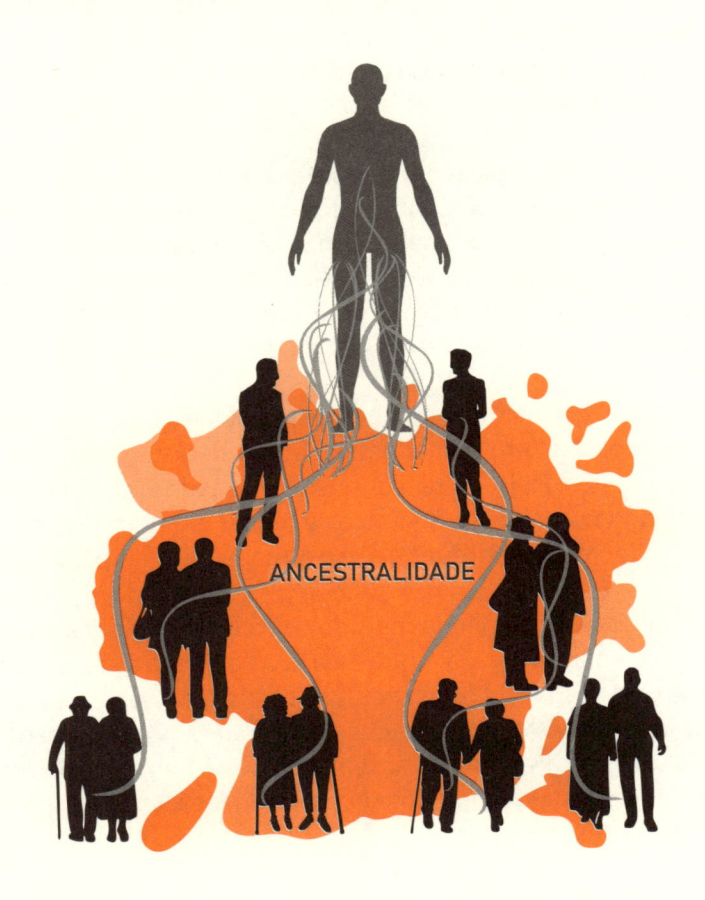

ANCESTRALIDADE

TÉCNICA ATMA HO'OPONOPONO DOS
Relacionamentos Perfeitos

Esta técnica tem o poder de fazer milagres nos seus relacionamentos. Ao limpar as memórias que estão em você, os seus relacionamentos melhoram, mesmo sem a outra pessoa fazer nada.

Antes, você pode fazer algumas respirações Há, se sentir necessidade de serenar a mente. Minha recomendação é que faça em um lugar calmo, em que não seja interrompido, diminua a luz, coloque uma música suave ou *healing sound* (som de cura) e relaxe.

Foque sua atenção na respiração...

Deixe irem os pensamentos e preocupações. Apenas observe o ar que entra e o ar que sai. Agora é o momento de você se libertar de todas as memórias de dor e sofrimento que ainda estão presentes em algum nível ou dimensão da sua consciência, bloqueando sua luz e te afastando do amor. É o momento de cortar, romper e libertar todo e qualquer tipo de cordão relacional ou laço energético associado a bloqueios nos seus relacionamentos. É o momento de você se libertar de projeções e expectativas impostas pelos outros ao longo dos tempos e gerações. É hora de você libertar os outros de todas as projeções e expectativas que de alguma forma foram criadas em você.

A partir deste momento, você assume o poder de se transformar, se curar e evoluir. Afirme mentalmente ou em voz alta:

Divino Criador, limpe e purifique toda e qualquer memória de dor ou sofrimento compartilhada ao longo das gerações e do tempo.

Sinto muito. Me perdoe. Eu te amo. Sou grato.

Divino Criador, limpe e purifique todos os bloqueios energéticos e padrões de sofrimento que me impedem de experimentar relacionamentos saudáveis e manter a harmonia.

Sinto muito. Me perdoe. Eu te amo. Sou grato.

Divino Criador, limpe, purifique e transmute todo o emaranhado de laços cármicos que compartilho com minha família e antepassados e com toda a ancestralidade.

Por favor, localize em mim a origem dos pensamentos e sentimentos de crítica, cobranças, medos, mágoas, culpas, frustrações, raivas, julgamentos e de toda e qualquer projeção e expectativa em meus relacionamentos familiares e amorosos.

Leve cada um dos níveis, camadas, áreas e aspectos do meu ser até essa origem. Analise-os e resolva de forma perfeita com a verdade de Deus. Atravesse todas as gerações de tempo e eternidade, curando cada incidente e seus agregados com base na origem. Por favor, faça isso segundo a vontade de Deus, até que eu esteja no presente, preenchido de luz e verdade.

Sinto muito. Me perdoe. Eu te amo.

Limpe e purifique. Corte e liberte todo e qualquer tipo de cordão relacional ou laço energético que esteja bloqueando o fluxo de energia essencial, causando qualquer tipo de julgamento, medo ou cobrança em meus relacionamentos.

Cortando e libertando. Libertando e perdoando. Cortando e libertando. Libertando e perdoando.

Eu sou livre de todas as projeções e expectativas. Eu liberto minha família e antepassados de todas as projeções e expectativas. Eu liberto todo e qualquer ser que, em algum momento do tempo e espaço, compartilhou a sua história com a minha, de toda cobrança, projeção ou expectativa não realizada.

Sinto muito. Me perdoe. Eu te amo.

Eu pratico o Ho'oponopono para limpar todas as memórias de dor compartilhadas com toda a minha família, antepassados e ancestralidade. Eu sinto muito pelo que em mim criou todas as memórias compartilhadas entre nós. Eu as reconheço e libero para que sejam transmutadas em pura luz.

Por favor, Divino Criador, me perdoe e me ajude a me perdoar. Eu te amo.

Sinto muito. Me perdoe. Eu te amo. Sou grato.

Agradeço a oportunidade de libertar estas memórias e a mim. Eu liberto meus pais e antepassados de toda e qualquer cobrança, falta de amor e do sentimento de que já falharam comigo. Eu liberto meus filhos da necessidade de trazerem orgulho para mim. Que eles possam escolher seus próprios caminhos, de acordo com a vontade e a verdade da sua Alma, do seu Atma.

Sinto muito. Me perdoe. Eu te amo. Sou grato.

Eu liberto agora todas as memórias compartilhadas com meu parceiro atual, com meus parceiros anteriores e com os que venham a fazer parte da minha vida nesta existência.

Eu sinto muito pelo que em mim tenha criado ou possa criar quaisquer memórias, bloqueios energéticos ou padrões de sofrimento emocional — reconheço-os todos e libero tudo à pura luz, para que seja purificado e transmutado.

Por favor, Divino Criador, me perdoe. Eu te amo.

Agradeço a oportunidade de libertar estas memórias e a mim.

Eu liberto o meu parceiro da obrigação de me completar. Nada me falta. Eu liberto o meu parceiro da obrigação de me amar. Eu me amo e me valorizo. Eu liberto o meu parceiro de todo julgamento, projeção ou expectativa. Eu me liberto de todo julgamento, projeção e expectativa.

Eu sei que ninguém é responsável pela minha felicidade, assim como eu não sou o responsável pela felicidade das outras pessoas. Eu me liberto da necessidade de cumprir com as expectativas dos outros, de ser amado, reconhecido e valorizado. Eu sou livre para ser quem sou Eu de verdade.

Eu sou o Eu sou. Eu sou o Espírito manifestado na matéria. Eu sou um com o Criador. Eu sou o Atma.

Eu pratico o Ho'oponopono para limpar todas as memórias compartilhadas com meus antepassados e familiares, cortando e libertando todo e qualquer cordão relacional ou laço energético, liberando o emaranhado de memórias tóxicas.

Sinto muito. Me perdoe. Eu te amo.

Eu sinto muito pelo que em mim criou as memórias compartilhadas com todos os meus familiares e ancestrais, desde o início da criação até o momento presente. Honro e agradeço as memórias e libero-as para serem transmutadas na luz e no amor.

Eu te amo.

Agradeço a oportunidade de libertar estas memórias e a mim.

Agradeço aos meus pais, avós e bisavós que se reuniram para que hoje eu respire a vida. Eu os libero das falhas do passado e dos desejos não realizados, com o entendimento de que cada um fez o melhor que pôde para resolver suas situações, dentro do seu nível de consciência e evolução.

Eu os honro. Eu os amo. Eu sou grato.

Eu sou livre para ser fiel a mim mesmo e às vontades da minha Alma, do meu Atma.

Eu sou livre para ser quem sou Eu de Verdade.

Eu sou o Eu Sou. Eu sou o Atma.

Eu sou livre para viver o meu propósito de vida, a minha missão.

Eu sou livre de lealdades familiares visíveis e invisíveis, de projeções e expectativas que possam perturbar a minha paz e a minha felicidade, que são minhas únicas responsabilidades.

Agora, eu pratico o Ho'oponopono para limpar todas as memórias compartilhadas com todas as pessoas que, em algum momento, compartilharam da sua vida com a minha, do passado mais remoto até o presente. Eu sinto muito pelo que em mim possa ter criado quaisquer memórias negativas compartilhadas com todos. Eu as honro e agradeço. Libero-as para que sejam purificadas e transmutadas na luz.

Por favor, Divino Criador, me perdoe e me ajude a me perdoar. Eu te amo.

Agradeço a oportunidade de libertar estas memórias e a mim.

Eu renuncio ao papel de salvador do mundo, de ser aquele que cumpre com as projeções e expectativas dos outros, para ser quem sou Eu de verdade. Aprendendo através do amor, eu abençoo a minha existência.

Eu amo a minha maneira de me expressar, o meu jeito único e especial de ser.

Eu entendo a mim mesmo, porque somente eu vivenciei a minha história.

Eu honro, agradeço e amo o meu Atma.

Eu sei quem eu sou. Eu sei o que eu sinto. Eu sei o que eu faço e porque eu faço.

Eu me respeito.

Eu honro, agradeço e amo o meu Atma.

Eu reconheço a divindade em mim e em todos os seres.

Eu sou livre. Somos livres.

Perdoo a todas as pessoas, lugares, circunstâncias e acontecimentos que contribuíram para isso, esses sentimentos e pensamentos.

JULGAMENTOS, PROJEÇÕES
e expectativas

Você já sabe que estamos todos conectados através das Cordas Aka e, por isso, compartilhamos pensamentos, sentimentos e memórias. Tudo aquilo que sua mente pensa sobre outra pessoa o outro recebe no nível vibracional (energético), mesmo que você não fale para ninguém. E vice-versa.

Sabe aquelas críticas silenciosas que, em um momento de insatisfação, direcionamos a quem mais amamos (pais, filhos, cônjuges)? Sim, eles receberam toda essa energia negativa, bem como você também recebe todas as projeções e expectativas que eles fazem em relação a você. Quantas vezes tentamos mudar os outros, acreditando que eles precisam fazer e entender as coisas do mesmo jeito que nós?

É preciso muita coragem e humildade para assumir a nossa responsabilidade neste emaranhado energético de projeções, julgamentos e expectativas. Quando pensa algo sobre uma pessoa tal como "ela está muito nervosa", "ele não vai conseguir", "ele não faz as coisas direito", você envia uma projeção a ela, o que reforça justamente aquele comportamento prejudicial que ela não quer mais ter. Pois é, isso é muito sério.

[Pausa para reflexão amorosa]

Quando a sua mente e cérebro estão funcionando no nível da mente reativa, você não tem controle sobre os seus pensamentos; é como se a sua mente tivesse vida própria e falasse coisas sem parar o tempo todo. No nível da mente reativa, você é dominado pela mente e as memórias simplesmente determinam tudo o que acontece na sua vida. A mente reativa, dominada por memórias limitantes e padrões ocultos, julga, analisa e compara tudo e todos, até você mesmo:

"Ele não deveria ter dito isso"; "Nossa, como ele é negativo, só reclama"; "Isso não vai dar certo, ela não vai conseguir; eu já tentei e não funcionou"; "Ele deveria cuidar mais da saúde"; "Como fulano é materialista, só pensa em dinheiro"; "Até fulana conseguiu dar certo na vida, só para mim que nada dá certo"; "Ninguém me ajuda"; "Meu chefe não me valoriza"; "Meu cunhado é um estúpido, não sei como minha irmã aguenta"; "Eu disse que não ia dar certo"; "Como ele conseguiu fazer aquilo?"; e a lista não tem fim.

Toda essa conversa mental acontece de forma automática e inconsciente com base em memórias que estão te limitando, prejudicando e julgando; não é a inspiração divina, logo, nada disso é real. Talvez sua mente fale para você agora: "comigo isso nunca acontece" — aí o caso é mais grave, porque você está totalmente inconsciente do inconsciente. Se já consegue reconhecer a conversa mental automática, parabéns, já está no nível de ter consciência do inconsciente.

O Dr. Joe Dispenza identificou que uma pessoa comum tem cerca de 70 mil pensamentos por dia, sendo 95% deles inconscientes e 70% negativos. O mais incrível é que de 80 a 90% desses pensamentos são repetidos. Sim, exatamente isso! São os mesmos que teve ontem e anteontem, comprovando que seu cérebro e mente funcionam através de um padrão automático.

Sendo assim, fica evidente que o tempo todo as memórias estão atuando sem que você perceba. Por isso, é fundamental descobrir como sair de uma mente reativa e manifestar uma mente serena. Como este não é o tema do livro, vou deixar aqui a minha recomendação de aprofundamento. Uma mente serena não significa a completa ausência de pensamentos negativos, mas o controle deles. Você assume o comando e deixa de reagir aos acontecimentos. Sente raiva, mas não reage a partir dela. Consegue perceber a raiva vindo e manter o equilíbrio, escolhendo qual será a sua forma de ação.

> **RECOMENDAÇÃO DE APROFUNDAMENTO**
> Se você quer saber como sair do nível da mente reativa e manifestar uma mente serena, recomendo o Desafio Mente Serena, que você encontra apontando a câmera para o QR Code a seguir:

Quando serena a sua mente e se conecta com o Atma, você não é mais a mente, é o Atma, e passa a agir a partir da inspiração da Divindade. Quanto mais pratica o Ho'oponopono, mais vai limpando as memórias que sobrecarregam a sua mente com a conversa mental de julgamentos, análises e comparações. Lembre-se sempre que você não está aqui para cumprir com as expectativas dos outros, bem como os outros não estão aqui para cumprir com as suas expectativas. Além disso, você não irá agradar todo mundo, assim como nem todos irão agradá-lo.

Por fim, cuidado com a crítica, pois ela é uma das energias mais nocivas que existem. Toda vez que você critica alguém, reforça aquela característica negativa. Toda vez que uma pessoa o critica, você, sem saber, recebe essa energia, que faz com que fique cada vez mais preso na dificuldade que está enfrentando. A crítica aprisiona você e o outro em um emaranhado energético que irá travar a vida de ambos. Importante: aplique sempre o quarto princípio do Ho'oponopono e a Pergunta Chave dos Milagres. Ao limpar essa memória, a pessoa irá parar de criticá-lo e será capaz de reconhecer suas qualidades ou, então, irá sair da sua vida. Não tem como saber o resultado exato, mas a crítica não existirá mais na sua realidade exterior. Se você sofre com isso, fique atento:

"O mundo é um espelho. Os outros são um espelho."

Aquilo que o outro vê em você é um reflexo das memórias ocultas nele. Tudo que vê no outro está em você; é apenas um reflexo das memórias que está carregando no seu subconsciente. Nunca é sobre o outro, é sempre sobre você. Dessa maneira, continuamos limpando as memórias, acolhendo e buscando o entendimento para termos novos pontos de vista, e é isso que faz com que o Ho'oponopono manifeste verdadeiros milagres em sua vida.

EXERCÍCIO
os outros são meu espelho

O que você experimenta nos seus relacionamentos é apenas um reflexo do que há dentro de si. A forma como se trata é a forma como os outros irão tratá-lo. Se deseja ser mais amado e valorizado, comece com você se amando e valorizando mais. Se quer que as pessoas não sejam tão críticas com você, comece sendo mais gentil e tolerante consigo mesmo. O exercício "os outros são meu espelho" irá ajudar a ter consciência de como você tem se tratado nos últimos dias, fortalecendo o sentimento de amor por si mesmo.

Em um lugar tranquilo, sente-se de forma confortável e faça algumas respirações mais profundas até sentir que sua mente está serena e calma. Coloque uma música suave, se preferir. É essencial que você faça essas respirações mais profundas e conduza sua mente para um estado de serenidade antes de responder às perguntas a seguir. O objetivo deste exercício é praticar os três passos do Atma Ho'oponopono, aplicando o processo de limpeza para abrir mão da tentativa de controle e das expectativas da mente.

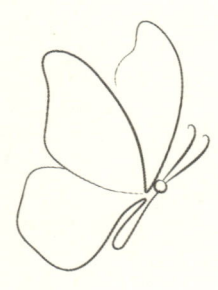

MANTENHA O SEU CORAÇÃO ABERTO ENQUANTO SE PERGUNTA

- Como tenho me tratado ultimamente?
- Eu tenho me valorizado? Respeitado? Amado?
- Ou tenho me cobrado demais? Me criticado demais? Me comparado demais?
- Quando estou sozinho comigo mesmo, como tenho me sentido?
- Como tenho vivido os meus dias? Na correria, na pressa, sendo invadido pela agitação do mundo lá fora que precisa fazer, fazer, fazer?
- Ou tenho me permitido aproveitar a vida e viver o agora?

Anote:

_____
_____
_____
_____
_____
_____
_____
_____
_____
_____
_____
_____

APLIQUE
O MANTRA ATMA HO'OPONOPONO

Sinto muito por todas as vezes que me afastei da verdade do meu Atma.

Divino Criador, por favor, me perdoe e me ajude a me perdoar.

Eu te amo e sou grato.

Eu honro, agradeço e amo o meu Atma.

Repita por 9x o Mantra Atma Ho'oponopono, colocando todo o seu coração. Você pode aplicar este exercício várias vezes ao dia, sempre que sentir vontade ou necessidade de purificar.

COMO AJUDAR
outras pessoas

No livro *Pérolas de Sabedoria*[7], de Sri Ramana Maharshi, é explicado que sempre que queremos ajudar outra pessoa, precisamos lembrar que somos uma extensão do Divino Criador. Se somos todos extensões da Divindade, o ato de ajudar outra pessoa não nos torna melhores que ela: somos todos iguais. Quando for ajudar alguém, você deve sentir: "eu sou um instrumento de Deus", sem o sentimento de que é você quem está agindo e ajudando.

É preciso mudarmos a perspectiva de ver uma pessoa com um problema como inferior, menos capaz, e nos livrarmos de qualquer sentimento de pena. Quantas vezes a mente fala "coitado do fulano", "me parte o coração ver sicrano assim", "vou ajudar aquela mulher, porque ela é uma coitada"? Quando olha alguém ou algum animal passando por um problema e seu sentimento é de pena, você apenas alimenta essa energia de sofrimento. Assim, passam a ser duas pessoas sofrendo, pois o sentimento de pena é uma energia com baixa frequência vibratória.

Ao tentar ajudar a partir de uma memória como essa, o resultado é você se sentir cansado, sugado, exausto energeticamente. Você se coloca no papel de salvador. E para existir um salvador, precisa existir uma vítima e um culpado. Como já vimos, cada um é criador da sua própria realidade e não existem vítimas ou culpados. Essa é a essência do Ho'oponopono. Aqui, você pode utilizar a Pergunta Chave dos Milagres, fazendo uma pequena adaptação:

---

[7]MAHARSHI, Sri Ramana. *Pérolas de Sabedoria: Vida e Ensinamentos de Sri Ramana Maharshi*. Tradução Niraj. Brasília. Editora Teosófica, 2010.

Pergunta Chave dos Milagres para Ajudar o Outro

Qual é a memória em mim que está contribuindo para que esta pessoa tenha este problema?

No livro *Marco Zero*[8], Joe Vitale compartilha o alerta que o Dr. Hew Len fazia: "não mexa com o karma de outra pessoa, pois no final você terá muito a pagar". Ele quer dizer que você deve apenas limpar a memória em si mesmo e desejar amor e luz, sem projetar uma intenção de um resultado específico. Você simplesmente não tem como saber o que é realmente o melhor para aquela pessoa, já que não conhece o seu plano de Alma.

---

[8]VITALE, Joe. *Marco zero: a busca por milagres por meio do Ho'oponopono*. Tradução de Alice Klesck. Rio de Janeiro. Rocco, 2014. Título original: *At zero: The quest for miracles through Ho'oponopono*.

A MAIOR E MELHOR
proteção energética

Existem duas perguntas que sempre recebo nos meus treinamentos Atma Ho'oponopono:

Como lidar com a energia negativa das outras pessoas?

Qual é a melhor técnica para me proteger da energia negativa dos outros?

Uma das técnicas mais poderosas de proteção energética, que aprendi com o Dr. Joshua David Stone, é a Bolha de Luz Dourada. É uma visualização que você faz todos os dias, H.A.D. (hoje, amanhã e depois), ativando um escudo de proteção no seu campo de energia.

Com a sua mente serena, você visualiza uma grande bolha de luz dourada ao seu redor. Essa bolha tem um tubo de luz que o conecta com a Divindade, saindo da sua parte superior em direção ao céu, permitindo receber a inspiração de lá. A bolha de luz protege de qualquer pensamento e sentimento negativo. Toda negatividade que chega até o seu campo de energia bate na bolha e é transmutada pelo Divino Criador. Mantenha a visualização por um ou dois minutos.

A minha experiência na área das terapias me mostrou que, além dessa técnica, é necessário tomar cuidado com um elemento que nos torna completamente vulneráveis à energia negativa das outras pessoas e dos ambientes: o julgamento. Quando a sua mente faz um julgamento, você literalmente abre o seu campo de energia, e não tem nenhuma técnica que resista a isso. Quando o cérebro e mente estão funcionando no nível da mente reativa, parece que existe uma espécie de juiz dentro de nós que julga e compara tudo e todos, rotulando como certo ou errado, melhor ou pior, vítima ou culpado, erro ou acerto.

Ao aplicar os princípios do verdadeiro Ho'oponopono, você abre mão do julgamento. Quem julga, compara e critica é a mente carregada de memórias. Ao limpá-las e se conectar com o Atma, você passa a perceber o mundo a partir da inspiração, que acolhe, entende e está em harmonia. Ao viver os princípios do Ho'oponopono, você reconhece que tudo o que vê no outro ou lá fora é apenas um reflexo do que existe no seu interior. Você é 100% responsável.

Então, se neste momento existe muita gente negativa na sua vida, faça A Pergunta Chave dos Milagres:

Qual é a memória em mim que está fazendo com que eu atraia essas pessoas negativas?

Onde eu estou sendo negativo?

TÉCNICA ATMA HO'OPONOPONO
de Limpeza Profunda

Vamos fazer juntos agora a técnica Atma Ho'oponopono de Limpeza Profunda. Você pode fazê-la na forma de uma meditação ou oração. Ela atua fazendo uma limpeza profunda de memórias, criadas e compartilhadas, em todos os níveis e dimensões do seu ser.

Antes, você pode fazer algumas Respirações Há, se sentir necessidade de acalmar a mente. Minha recomendação é que faça em um lugar calmo, em que não seja interrompido, diminua a luz, coloque uma música suave e relaxe.

Faça algumas respirações profundas, serene a sua mente e repita mentalmente ou em voz alta:

A minha realidade exterior é o reflexo da minha realidade interior.

O Universo físico é uma manifestação dos meus pensamentos e sentimentos.

Eu sou 100% responsável por criar a minha realidade física e material do jeito que ela é.

Eu assumo 100% da responsabilidade por tudo o que acontece na minha vida.

Tudo começa e termina em mim.

Quando eu dou o meu melhor para a vida, recebo o melhor que a vida tem para me dar.

Quando meus pensamentos e sentimentos são perfeitos, eles criam uma realidade de amor.

Eu sou 100% responsável por corrigir os pensamentos e sentimentos destrutivos que criam uma realidade de escassez, dor e limitação.

Eu pratico o Ho'oponopono para limpar, purificar e transmutar toda e qualquer memória que bloqueia a minha energia e me afasta do amor.

Sinto muito. Me perdoe. Eu te amo. Sou grato.

Sinto muito por todas as memórias de dor e sofrimento que ainda carrego em minha mente e meu corpo.

Sinto muito. Me perdoe. Eu te amo.

Sinto muito por todas as cobranças, críticas e julgamentos que impus a mim mesmo.

Sinto muito por todos os medos, culpas e frustrações que carreguei secretamente e silenciosamente em meu coração.

Sinto muito por teimar em repetir padrões inconscientes que causam dor e sofrimento e aprisionam a minha luz.

Divino Criador, por favor, me perdoe e me ajude a me perdoar. Eu te amo.

Sinto muito por todas as vezes que me esqueci de quem sou Eu de verdade.

Eu sou o Eu sou. Eu sou o Espírito Manifestado na matéria. Eu sou a Consciência Infinita e livre de limitação. Eu sou o Atma, uma extensão do Divino Criador.

Sinto muito por sobrecarregar o meu corpo e minha mente com tantas preocupações.

Sinto muito por dizer sim todas as vezes que eu gostaria de dizer não.

Sinto muito por compartilhar minhas memórias de dor com você.

Me perdoe. Eu te amo — porque só existe cura no amor.

Eu libero todas as memórias que causam dor, sofrimento e escassez. Sinto muito, me perdoe, eu te amo — que todas as memórias sejam purificadas na luz.

Eu escolho viver através da inspiração.

Eu confio na Inteligência Maior, no Divino Criador. Eu sou um com o Criador.

Eu sou o Atma, eu sou o milagre e eu me perdoo (o Atma, a divindade, a minha essência perdoa as crenças, o ego, as memórias compartilhadas pela minha mente).

Eu sinto muito. Por favor, me perdoe. Eu te amo. Sou grato.

Eu honro e agradeço a todas as memórias de vida.

Eu honro, agradeço e amo o meu Atma.

Eu sinto muito. Me perdoe. Eu te amo. Sou grato.

Eu sinto muito. Me perdoe. Eu te amo. Sou grato.

Eu sinto muito. Me perdoe. Eu te amo. Sou grato.

Eu honro, agradeço e amo o meu Atma.

Eu reconheço a luz, o amor, a sabedoria, a força, a coragem do meu Atma.

Eu reconheço a grandeza do meu Atma.

O meu Atma é grande demais para eu ser pequeno.

O meu Atma é grande demais para eu ser pequeno.

LIMPEZA
dos ambientes

Assim como trocamos energia com pessoas e animais, também fazemos isso com os ambientes. Os ambientes e objetos registram memórias e carregam uma identidade energética conforme os pensamentos e sentimentos das pessoas que os frequentam e utilizam.

Já aconteceu de você entrar em um ambiente e se sentir cansado? Ou de repente começar a se sentir impaciente e irritado ao permanecer em um lugar? Isso acontece porque esse ambiente está sobrecarregado de memórias. Talvez ali, antes de você chegar, estivesse alguém muito irritado e essa memória continua presente até que seja limpa. Tudo o que pensamos e sentimos emite uma vibração que fica impregnada nos objetos e lugares. Se tal memória de dor foi compartilhada com você, cabe a você fazer a limpeza em si mesmo, limpando, consequentemente, o ambiente.

EXERCÍCIO
limpeza de ambientes

Ao chegar em um ambiente, faça algumas respirações profundas e as seguintes perguntas:

O que eu percebo neste ambiente?
Quais impressões eu recebo?

Mantenha o coração aberto e não permita que a mente racional interfira no processo.

Anote:
_____
_____
_____
_____
_____
_____
_____

Você poderá escolher a melhor forma de limpar essa memória: o mantra das quatro frases, a Oração Original, o Mantra Atma Ho'oponopono, alguma visualização, o que a inspiração divina orientar. Ou poderá aplicar a Prece Atma Ho'oponopono de Limpeza dos Ambientes.

PRECE ATMA HO'OPONOPONO
de limpeza dos ambientes

Sinto muito pelas memórias de dor que compartilho com este ambiente (ou objeto).

Divino Criador, por favor, me perdoe. Eu te amo.

Peço agora que libere todas as memórias de dor para que sejam limpas, purificadas e transmutadas em pura luz.

Tudo o que existe aqui é a energia do amor divino, da paz, da harmonia.

Tudo e todos que estão neste ambiente são envolvidos pela energia do Amor.

Todos os que por aqui passarem receberão esta energia de Amor.

Deus é Amor. Deus é verdade.

Tudo o que existe neste ambiente, que aqui se fala e se pensa é a expressão da verdade.

Todos os que por aqui passarem sentirão esta energia da verdade.

Eu te amo, sou grato.

Este ambiente irradia paz, amor e harmonia a todos que por aqui passarem.

Eu te amo, sou grato.

EXERCÍCIO
hora do destralhe

Ho'oponopono envolve limpar e desapegar das memórias. Mas agora quero propor um exercício diferente, algo que talvez você até já tenha sentido vontade de fazer ao começar o seu processo de purificação neste livro: Você topa fazer um destralhe? É hora de deixar ir tudo o que não serve mais para o ser que você é agora. O destralhe permite abrir espaço para o novo se manifestar em sua vida. O que está fora também está dentro de você! Quando acumula objetos, documentos e todo e qualquer tipo de coisas sem uso, ocupa espaço na sua energia, na sua vida.

Quando faz um destralhe, você sente uma leveza de Alma, mais energia, disposição e criatividade, os relacionamentos melhoram e se abre espaço para a inspiração. Para criar e viver uma nova história, é preciso deixar para trás histórias antigas.

O QUE DESTRALHAR

- Objetos sem uso ou quebrados.
- Roupas e sapatos sem uso ou estragados.
- Coisas que não trazem alegria.
- Cadernos, papéis, cartas, bilhetes velhos.
- Livros, revistas, jornais que não irá mais ler.
- Seus arquivos no computador e celular.
- Sua lista de contatos, redes sociais e grupos de WhatsApp.

PERGUNTAS ÚTEIS

- Por que estou guardando isso?
- Isso tem a ver comigo hoje?
- O que vou sentir ao liberar isso?

A SUA MISSÃO
e realização profissional

Você nasceu com um propósito: o seu Atma tem uma missão a cumprir. A verdadeira abundância, prosperidade e realização são uma consequência natural de você estar cumprindo a sua missão, o seu plano de Alma. Porém, quando sua mente ainda está sobrecarregada de memórias, não consegue ter clareza de qual é sua missão, porque não consegue acessar a inspiração que vem da conexão com o Atma e da Fonte Divina.

Ao final desta existência, a única pergunta que precisará ser respondida é: você foi tudo o que nasceu para ser e cumpriu a sua missão? Se a resposta for positiva, que maravilha, valeu a pena. Agora, se for dominado pelas memórias e se perder na correria, fazendo cada vez mais coisas sem saber por que faz o que faz, sem se sentir feliz de verdade, aí é como dizia o amado Prof. Hermógenes, no *Poema Se*: "terei ocupado o espaço e o tempo de Deus". A Vida, Deus e o Universo contam com você, pois você tem algo a contribuir. A sua vida importa; você importa.

Você nasceu com talentos e habilidades, limitações e desafios, um jeito único de ser e pensar. Possui uma identidade da Alma, que é como a roupa que o seu Atma escolhe vestir no momento do seu nascimento, revelando o que te faz feliz, dá energia, limita, seus verdadeiros potenciais. Quando conhece e respeita a sua identidade da Alma, você para de sofrer com comparações e projeções dos outros, porque sabe exatamente quem é e se permite ser livre para apenas ser quem é de verdade. A sua missão é evoluir e se tornar um ser humano melhor a cada dia. Com menos memórias, menos padrões negativos e mais amor.

Você faz parte do todo, por isso, se deseja um mundo com mais paz e amor, comece acalmando e serenando sua mente e sentindo mais amor por você, pelas pessoas próximas e pela vida. Quando dá o seu melhor para a vida, ela dá o melhor de volta pra você. A sua missão é amar e ser feliz agora. Quando serve a vida compartilhando seus potenciais, fazendo tudo com amor, você evolui e se sente realizado. E o seu trabalho é uma oportunidade excelente de você realizar a sua missão: servir, evoluir, amar e ser feliz. Pense em quantas horas da sua vida irá dedicar ao trabalho. No final, serão cerca de 30 anos dedicados a ele. Bastante, concorda? É muito tempo para fazer algo que não respeita a sua identidade da Alma e não está alinhado com a sua missão e propósito de vida.

À medida que vai praticando o Atma Ho'oponopono, vai limpando e liberando as memórias e um processo de mudança interior acontece. Coisas que até então faziam sentido passam a não fazer mais. Sua vida passa a se renovar: novas pessoas, novas oportunidades. Você começa a fazer perguntas e questionar: o que realmente me faz feliz? Será que estou vivendo a minha missão? Como posso contribuir mais? Quais sonhos meu coração (meu Atma) quer realizar?

Faça uma pausa para refletir e anote:

_____
_____
_____
_____
_____
_____
_____
_____
_____

Se o seu coração sonhar, você merece realizar.
Se o seu coração sonhar, você é capaz de realizar.
Se o seu coração sonhar, você tem o dever de realizar.

Quando dá o seu melhor para a vida, **ELA DÁ O *melhor* DE VOLTA PRA VOCÊ.**

@amandaldreher

EXERCÍCIO PODEROSO
a memória que bloqueia a sua realização profissional

Se você não se sente realizado profissionalmente, é porque existe uma memória atuando de forma inconsciente. Vou compartilhar com você este exercício que tem o poder de identificar a memória bloqueando sua realização profissional, dando a oportunidade de limpá-la e liberá-la. Faça algumas respirações mais profundas e, se quiser, pode até fazer um ciclo de Respiração Há. Ative a sua âncora Atma Ho'oponopono, estalando os dedos em frente ao coração, enquanto afirma "Eu sou o Atma. Eu sou 100% responsável!". Preparado? Então, **vamos lá**.

PENSE AGORA NA SUA VIDA PROFISSIONAL E, COM CALMA E HONESTIDADE, RESPONDA PARA SI MESMO

Em relação à sua vida profissional neste exato momento, qual é seu nível de satisfação?

Você faz o que ama?

Tem uma remuneração incrível?

Conhece pessoas incríveis e trabalha com pessoas extraordinárias?

O trabalho que tem hoje permite ter o estilo de vida que você sonha?

Respeita os seus dons, talentos e habilidades?

Você sente que está crescendo e evoluindo?

Apenas **responda sim ou não** a cada uma das perguntas.
Qual nota você dá hoje para a sua vida profissional? Pense em todas essas perguntas e faça uma avaliação de 0 a 10: _____

Não importa o resultado, sinta o que sua Alma fala agora.

Mesmo que seja nota zero porque você está odiando seu trabalho e tudo está travado, tudo bem, não é para se cobrar. Parabéns pela coragem e humildade de olhar para o que está te causando insatisfação.

Se está nota dez, que incrível, que maravilha! Só fica um alerta: será que não tem mais absolutamente nada para melhorar? Mesmo? Ou será que existe aí uma memória criando uma proteção e impedindo que você enxergue, realmente, as coisas como elas são?

AGORA PENSE NO QUE VOCÊ QUER MELHORAR NA SUA QUESTÃO PROFISSIONAL

Você quer ser mais valorizado?

Quer ter uma remuneração melhor?

Quer ter uma rotina que te dê mais liberdade?

Quer encontrar um trabalho que dê prazer, alegria e motivação? Que esteja alinhado com a sua missão?

O que você quer melhorar?

Anote:

_____
_____
_____
_____
_____
_____
_____
_____
_____

IDENTIFICADOS OS PONTOS DE MELHORIA NA SUA VIDA PROFISSIONAL, VAMOS PARA A SEGUNDA PARTE DO EXERCÍCIO

Respire fundo e coloque sua mão no coração. Faça uma viagem no tempo e se permita lembrar da sua infância...

Na sua infância, no seu ambiente familiar mais próximo (pai e mãe, avô e avó), qual exemplo você recebeu sobre trabalho? O objetivo não é julgar ou culpar os pais e avós, mas tomar consciência das memórias criadas e compartilhadas, buscando o acolhimento e entendimento dos sentimentos, para poder liberá-las.

Continue...

Pense no seu pai: ele gostava do seu trabalho? Era feliz e contente? Aquela era a missão de vida dele? Ou o trabalho era um peso, uma responsabilidade? Era algo que ele precisava fazer somente para prover o sustento da família? O seu pai era uma pessoa próspera e muito bem remunerada, que alcançou sucesso profissional? Quando o via saindo para trabalhar, ele estava feliz e energizado? Ou ia trabalhar com um sentimento de cumprir com as obrigações?

Como era a questão do trabalho da sua mãe? Ela gostava do que fazia? Tinha prosperidade? Era respeitada? Como era a relação da sua mãe com o trabalho?

Seu pai e sua mãe reclamavam de ter que ir trabalhar? Quando falavam do trabalho, era com amor e energia porque amavam o que faziam? Eles reclamavam ou estavam satisfeitos com a sua remuneração? Tinham prosperidade? Chegavam a reclamar de crises e problemas financeiros na sua frente ou você percebia que estavam passando por dificuldades?

Agora, vá além: você consegue lembrar ou sentir algo em relação à realização profissional e prosperidade dos seus avós? Como foi a vida deles? Era um outro tempo, uma outra realidade. Talvez alguém na sua família decidiu empreender e fracassou ou decidiu fazer uma mudança profissional e quebrou. Quem sabe, houve uma demissão inesperada que ficou registrada na memória da família, foi compartilhada nas raízes ancestrais e faz com que hoje você tenha medo do desconhecido, de algo dar errado. Olhe para tudo isso com perdão e amor, reconhecendo que cada um sempre faz o melhor possível. Apenas tome consciência das memórias.

Quais palavras vêm à sua mente quando olha para a trajetória de vida da sua família na questão profissional e das finanças: culpa, raiva, frustração, medo, insegurança, crítica, vitimização? Quais palavras definem as memórias familiares compartilhadas inconscientemente através das gerações pelos cordões relacionais?

Anote:
_____
_____
_____
_____
_____
_____
_____
_____
_____
_____
_____
_____
_____
_____
_____
_____

MANTENHA SEU CORAÇÃO ABERTO E PENSE AGORA NA SUA PRIMEIRA EXPERIÊNCIA PROFISSIONAL

Nessa sua primeira experiência, você se sentiu valorizado e feliz?

Ou se sentiu pressionado e teve que fazer uma escolha profissional para cumprir um padrão ou expectativa familiar?

Você teve apoio?

Acreditaram nos seus sonhos e potencial?

Ou teve que se virar sozinho?

O que ouviu?

Quais foram as projeções e julgamentos recebidos (mesmo os não expressos em palavras, mas que você foi capaz de captar a partir do sentimento)?
"Isso é maluquice e não dá dinheiro", "ou você faz o que você gosta, ou você ganha dinheiro", "isso não vai dar certo".

Quais eram suas ideias?

O que o motivava?

Quais eram os seus sonhos?

E seus medos?

Quais palavras definem essas memórias em relação à sua primeira experiência profissional?

Anote:

_____
_____
_____
_____
_____
_____
_____
_____
_____
_____
_____
_____
_____
_____
_____
_____
_____

Para finalizar este exercício, analise com seu coração todas as suas respostas, pois elas revelam as memórias invisíveis que estão criando um padrão de insatisfação profissional e escassez. Perceba se existe algum sentimento ou memória identificada mais de uma vez. Exemplo: várias vezes a palavra "culpa", "guerreira", "medo", "insegurança", "impotência". Agora que você identificou a memória, faça a técnica de Atma Ho'oponopono da Abundância Ilimitada.

TÉCNICA ATMA HO'OPONOPONO
de Abundância Ilimitada

Foque sua atenção na respiração. Deixe irem os pensamentos e preocupações. Apenas observe o ar que entra e o ar que sai. Agora é o momento de se libertar de todas as memórias de dor e sofrimento ainda presentes em algum nível ou dimensão da sua consciência, bloqueando sua luz e te afastando do amor e da abundância divinos.

Este é o momento de cortar, romper e libertar todo e qualquer tipo de cordão relacional ou laço energético associado a qualquer tipo de bloqueio ou padrão que limita o fluxo da abundância em sua vida. É o momento de se libertar de todos os julgamentos, comparações, culpas, frustrações, medos, dúvidas. É a hora de libertar todas as memórias geradoras de limitação e escassez em sua vida. A partir desse momento, você assume o poder de se transformar, se curar e evoluir.

Divino Criador, limpe e purifique toda e qualquer memória de dor ou sofrimento compartilhada ao longo das gerações e do tempo.

Sinto muito. Me perdoe. Eu te amo. Sou grato.

Sinto muito por todas as cobranças que silenciosamente impus a mim mesmo.

Sinto muito por todas as cobranças que impus aos meus pais e aos meus antepassados.

Sinto muito por todos os julgamentos e críticas silenciosas que projetei às pessoas queridas.

Sinto muito por todas as vezes que duvidei da minha capacidade.

Me perdoe por todas as vezes que me afastei da verdade da minha Alma, do meu Atma.

Divino Criador, eu sinto muito. Por favor, me perdoe e me ajude a me perdoar.

Liberte cada uma dessas memórias, purifique e transmute-as em pura luz.

Sinto muito. Me perdoe. Eu te amo. Sou grato.

Eu escolho agora me conectar com a verdade da minha Alma, o meu Atma.

Eu reconheço e honro a presença divina que habita em meu coração.

Eu sou uma extensão do Divino Criador.

Eu sou a Energia Essencial em ação.

Eu sou o Atma, a Alma, a Consciência Infinita e livre de limitação.

Eu abro o meu coração para o amor, a alegria, a realização, a felicidade, a saúde, o amor, para abundância divina.

Eu reconheço aqui e agora o meu valor, não apenas como um corpo e uma mente, mas como uma Alma — o Atma, uma extensão do Criador.

Eu te amo. Eu sou merecedor. Eu sou o Atma.

Eu vivo em perfeito alinhamento com as energias do Universo.

Eu mereço tudo o que há de mais incrível neste mundo.

Tudo o que for o melhor para mim está fluindo em minha direção neste momento.

Eu assumo 100% de responsabilidade por tudo o que acontece em minha vida.

O poder de criar, de materializar, de realizar, tudo isso depende da minha capacidade de limpar e liberar as memórias e confiar na inspiração divina.

Eu sei que tudo o que preciso saber é revelado a mim. Eu sei que tudo o que preciso eu recebo. No momento perfeito, no tempo certo. Eu confio no Divino Criador, na Inteligência Maior que sabe tudo, está em tudo e em todos.

Eu confio no tempo das coisas. Se alguma coisa ainda não aconteceu, é porque algo ainda maior e melhor está por vir. Eu sei que tudo está como tem que ser, que tudo está certo e bem. Mesmo que a minha mente atual, limitada pelo tempo e espaço, não consiga entender.

Eu confio no Divino Criador. Eu sinto muito e me perdoo por todas as carências, limitações e julgamentos.

Eu sinto muito e me perdoo por todos os medos, inseguranças e frustrações.

Porque a verdade do meu Ser é que fui criado perfeito, ilimitado e completo.

Eu te amo. Sou grato.

Porque a verdade do meu Ser é o amor, a alegria e a abundância.

Eu te amo, sou grato.

Eu sou perfeito, ilimitado e completo.

Eu sou amor, alegria, abundância.

Eu sou o Atma.

Eu aceito novas experiências e permito que o novo se manifeste em minha vida.

Eu permito que a abundância se manifeste em minha vida, saúde, relacionamentos, trabalho e na minha vida material.

Eu te amo. Sou grato.

Ótimas oportunidades se manifestam na minha vida e eu escolho ver todas elas.

Eu só atraio gente boa para minha vida.

Eu sei que não posso mudar outra pessoa e aceito todos ao meu redor.

Eu estou pronto para qualquer mudança.

Eu me concentro no bem em qualquer situação. Eu sempre vejo o bem.

Eu tomo boas decisões e cada dia confio mais na minha intuição! Eu sou sempre inspirado com novas e boas ideias.

Eu sinto grande admiração por tudo o que me envolve.

Eu vivo em perfeito alinhamento com as energias do Universo.

Eu mereço tudo o que há de mais incrível neste mundo.

Tudo o que for o melhor para mim está fluindo em minha direção neste momento.

Eu assumo 100% de responsabilidade por tudo o que acontece em minha vida.

Eu te amo. Eu sou grato.

Eu honro, agradeço e amo o meu Atma.

Eu me permito receber toda riqueza, abundância, prosperidade e alegria que a vida tem a oferecer.

Eu mereço ser feliz!

Eu mereço ser amado!

Eu mereço ser saudável!

Eu mereço ser próspero!

Eu mereço a abundância!

Eu recebo o melhor que a vida tem para me dar e dou o meu melhor de volta.

Minha mente é serena e produtiva. Meu corpo é saudável e cheio de energia.

Eu sou capaz de realizar coisas grandiosas, porque confio na força e sabedoria do meu Atma.

Eu sou luz, eu sou amor, eu sou o Atma.

Eu sou luz, eu sou amor, eu sou o Atma.

Eu sou luz, eu sou amor, eu sou o Atma.

HO'OPONOPONO
sonhos e desejos

Vivemos em um universo abundante e tudo o que a Fonte Divina deseja é que desfrutemos disso. Você possui o poder de manifestar uma vida de abundância, felicidade e realização. Como já sabe, você é o criador da sua realidade e a vida que tem hoje foi você quem criou. A sua vida futura é você quem está criando agora. A pergunta a ser respondida é: estou criando a partir das memórias ou da inspiração?

Quando a mente está sobrecarregada de memórias, você acaba criando um futuro com base em um passado conhecido. Enquanto não se libertar das memórias limitantes do passado e estiver no presente, não será capaz de manifestar algo novo em sua vida.

O Dr. Joe Dispenza explica que, para criar uma nova realidade, você primeiro precisa ser uma nova pessoa – falei sobre isso na primeira parte do livro, lembra? Quando as memórias assumem o controle, criamos a nossa realidade com base em medos, comparações e projeções. Quando se conecta com o Atma, você é inspirado pela abundância divina que permite manifestar seus sonhos e desejos.

No livro *Marco Zero*, Joe Vitale explica que existem três maneiras de criar a realidade. Quando entendi isso, mudei completamente a forma de fazer minhas metas e planejar a realidade futura.

AO ACASO

São pessoas que simplesmente vivem a vida, ignorando todo o conhecimento sobre o poder dos pensamentos e sentimentos e o funcionamento do Universo. Percebem a vida apenas como algo material e acreditam que a realidade é criada a partir das ações. Aqui, o nível de consciência ainda está no ter e fazer.

INTENÇÃO

São pessoas que já despertaram para o conhecimento sobre mente e energia e entendem o poder que possuem de criar sua realidade. Elas já utilizam alguma técnica de projeção de nova realidade, quadro de visualização, lista de desejos. As intenções são desejos criados pela mente (ego) e baseadas em uma realidade conhecida e em lembranças do passado, naquilo que a mente acredita ser possível.

INSPIRAÇÃO

São pessoas em um estado de mente serena e conectada, que se sentem conectadas ao Todo, ao Divino Criador. A partir de um estado de serenidade, são capazes de captar as informações direto da Fonte Divina através de intuições e insights, ideias que parecem surgir do nada. Elas conseguem abrir mão do controle e confiar na Inteligência Maior do Universo. A inspiração permite que manifestem a abundância ilimitada.

Agora, vem o maior aprendizado que tirei de tudo isso. Sempre que for fazer suas metas, permita que a inspiração divina atue no processo, afirmando qual é o objetivo desejado e finalizando com esta dica do Joe Vitale: "isso ou algo melhor".

Por exemplo, se você deseja um novo trabalho, afirme:

Desejo um novo trabalho, isso ou algo melhor!

Por isso, o verdadeiro Ho'oponopono não é uma prática que você faz para conquistar um resultado específico. Você pratica Ho'oponopono para limpar as memórias impedindo que a inspiração divina atue em sua vida. A sua realidade futura será o reflexo de quem você é agora. Se sentir insatisfação, raiva, cansaço, tristeza ou qualquer sentimento negativo em relação à sua atual realidade, é mais disso que irá manifestar no seu futuro. São as memórias criando a sua realidade.

Ao praticar Ho'oponopono e limpar as memórias, você sente paz dentro de você, mesmo que a sua vida não seja aquilo que sonhou e exista um problema. É esse sentimento de paz que permite que a inspiração divina crie a sua realidade futura em um novo nível de vibração e abundância, manifestando novas oportunidades, pessoas incríveis, soluções inesperadas.

Assim, você passa a entender que não será feliz somente quando seu desejo se manifestar. Você já é feliz agora, por isso, será capaz de manifestar seu desejo. É uma mudança completa de perspectiva, em que deixa de focar no que quer ter e fazer e foca em ser quem quer ser.

> **EU SOU O ATMA. EU SOU 100% RESPONSÁVEL.**

A CARTA DOS DESEJOS
da alma

Prepare o ambiente. Você pode fazer antes a Prece Atma Ho'oponopono de Limpeza de Ambientes. Diminua a luz, coloque uma música suave e peça para não ser interrompido. Sente-se confortavelmente, com a coluna reta, posicione suas mãos no *Mudra* do Infinito e faça um ciclo completo de Respiração Há. Pense em tudo o que deseja para os próximos seis meses.

Estas perguntas podem te ajudar:

• *O que desejo conquistar nos próximos seis meses?*

• *O que levo em meu coração que ainda não consegui acessar?*

Escreva agora a sua carta dos desejos da Alma, mas não peça o objeto do seu desejo em si. Peça ajuda da Divindade para fazer a transformação necessária que permita ter esta bênção na sua vida.

EXEMPLO
Ao invés de: "Eu peço um novo trabalho"..., escreva: "Divindade limpe em mim a causa da *insatisfação e falta de reconhecimento e valorização profissional.*

Eu sinto muito por ainda compartilhar essas memórias limitantes. Me perdoe e me ajude a me perdoar. Eu te amo.

Eu sou grato por manifestar *este novo trabalho (ou, talvez você deseje abrir seu próprio negócio), com uma remuneração de xxxx, com uma equipe comprometida e com iniciativa, em que eu tenha liberdade e autonomia e seja reconhecido.* Isso ou algo melhor.

Eu reconheço que Eu sou Luz, que Eu Sou Amor, que Eu Sou o Atma, uma Consciência Infinita e Ilimitada, que possui 100% de poder de manifestar a Abundância Divina em minha vida.

Eu te amo. Sou grato.

Assinatura: _____

A SUA CARTA DOS DESEJOS DA ALMA

Data: _____

Divindade, limpe em mim a causa da _____
_____
_____
_____
_____
_____

(escrever o que está acontecendo na sua vida e você não gosta mais)

Eu sinto muito por ainda compartilhar essas memórias limitantes. Me perdoe e me ajude a me perdoar. Eu te amo.

Eu sou grato por manifestar _____
_____
_____
_____
_____
_____

(escrever o desejo da sua Alma, e não do ego, da mente)

Isso ou algo melhor. *(assim você não limita as bênçãos do Universo)*

Eu reconheço que Eu sou Luz, que Eu Sou Amor, que Eu Sou o Atma, uma Consciência Infinita e Ilimitada, que possui 100% de poder de manifestar a Abundância Divina em minha vida.

Eu te amo. Sou grato. *(assim você está curando e abençoando o seu desejo, "selando" o processo)*

Assinatura: _____

Durante os próximos sete dias: leia a carta ao acordar, com todo seu coração.

Depois, você irá guardá-la por seis meses em um lugar especial.

Após esse tempo, queime esta carta, de preferência com uma meditação do Ho'oponopono.

Se sentir no seu coração a necessidade de fazer uma nova após queimar a atual, poderá reescrevê-la.

MENSAGEM FINAL
"Tudo começa e termina em você"

Qualquer mudança que quiser fazer na sua vida começa dentro de você. Não importa o desejo: um trabalho melhor, um novo relacionamento, mais saúde, mais prosperidade... A mudança começa de dentro para fora. De nada adianta fazer cada vez mais coisas, se esforçar cada vez mais, se não mudar dentro, não limpar as memórias e padrões que estão bloqueando a sua vida neste momento.

O mundo é o seu espelho. Para mudar o reflexo, você precisa ir na origem: você. Ao se libertar das memórias, você abre espaço para a inspiração divina manifestar a abundância e o amor na sua vida. Entra em harmonia e sente paz dentro de você. A limpeza das memórias é um processo contínuo e ascendente, não algo que faz uma única vez. Por isso, desejo que você continue o seu processo de cura e transformação com o verdadeiro Ho'oponopono, mergulhando cada vez mais profundamente neste conhecimento milenar.

Ao escrever este livro, me entreguei de todo coração ao verdadeiro Ho'oponopono e milagres se manifestaram na minha vida: uma nova oportunidade profissional surgiu, bem como um grave problema de saúde que me prejudicava há anos foi resolvido. Detalhe: eu não estava fazendo Ho'oponopono colocando essas intenções, mas apenas limpando as memórias — e aí, o meu Atma e a Fonte Divina, que conhecem o meu plano de Alma e sabem o que é o melhor para mim, realizaram esses milagres.

Tenho como afirmar que foi apenas o Ho'oponopono o responsável? Não. Até porque o Ho'oponopono é uma das técnicas terapêuticas que aplico diariamente em minha vida, juntamente com o Atma Healing (Cura da Alma) e o Mapa da Alma®. Mas posso garantir que sim, o Ho'oponopono teve uma contribuição fundamental, assim como tudo o que fiz nestes últimos vinte anos de estudos e práticas.

Dentro do nosso processo de cura, transformação e evolução, é importante entender, acreditar e sentir que "já está acontecendo". A mente carregada de memórias normalmente analisa os fatos a partir da dualidade "não aconteceu" e "já aconteceu", esquecendo-se que, entre esses dois pontos, existe o "está acontecendo". Por isso, acredite, a nova realidade que deseja já está acontecendo dentro de você agora. Apenas continue H.A.D (hoje, amanhã e depois).

Nem sempre as coisas irão acontecer na velocidade que sua mente deseja, pois existe o tempo de preparo do Universo. Aplique os três passos do Atma Ho'oponopono — limpar, desapegar e conectar — e mantenha seu coração aberto para receber "isso ou algo melhor" na sua vida. Limpe, entregue, confie e agradeça. Quando menos esperar, vem o milagre: a vida o surpreende positivamente, manifestando coisas muito melhores do que você queria.

Desejo que este livro inspire você com amor e luz e que você também manifeste milagres com o verdadeiro Ho'oponopono. Registro aqui a minha gratidão a todos os Mestres que mantiveram vivo este conhecimento divino do verdadeiro Ho'oponopono. Desejo que esta filosofia siga viva no coração de cada aluno e leitor, criando um mundo com mais paz e amor.

Vou amar saber da sua experiência com todo este conhecimento. Me marque nos stories e me mande um direct no Instagram: @amandaldreher.

Com amor e luz, do meu Atma para o seu Atma.

Namastê,

Amanda.

AMANDA DREHER

Quer aprofundar seus conhecimentos sobre seu Atma e o que o plano da sua Alma traçou para você nesta existência?

Acesse o QR Code abaixo e conheça todos os cursos que preparei com muito carinho, do meu Atma para o seu.

GLOSSÁRIO

ATMA   É uma palavra sânscrita que significa Alma, Essência, Consciência Infinita e Ilimitada, o seu Eu Superior, sua Centelha Divina; a parte do seu ser eterna e indivisível, a sua essência divina. A sua verdadeira essência, una e completa. No Ho'oponopono, é chamado de Aumakua.

AKUA   É a força maior que rege nossas vidas. Não importa o nome pelo qual você reconheça esta Inteligência Maior: Divindade, Fonte Divina, Deus, Energia Essencial, Espírito Criador...

AUMAKUA
(pai)   O Aumakua expressa todas as qualidades divinas, compaixão, paciência, amor, perdão. É como o Ho'oponopono designa o Atma, a Consciência Infinita e Ilimitada, o seu Eu Superior, sua Centelha Divina. O principal instrumento do Aumakua é a energia. O Universo é feito de energia que sustenta, mantém e muda os sonhos da vida.

UHANE
(mãe)   É a mente consciente, sobre a qual temos controle direto. Uma das funções principais da Uhane é decidir onde focalizar a atenção. Se aumentamos a atenção sobre uma coisa, implica que deixamos de focalizar muitas outras. Dotada de livre arbítrio, é ela que decide o que é importante ou não.

UNIHIPILI *(criança)*	É a mente subconsciente, a camada mais profunda, oculta, aquilo de que não temos consciência. É como se ela fosse o porão onde ficam armazenadas as memórias de todas as experiências de vida (desde antes do nosso nascimento). Graças ao Unihipili, podemos aprender, lembrar, desenvolver habilidades e hábitos, manter a integridade do corpo e guardar um sentido de identidade durante o dia a dia.
CORDAS AKA	São cordões vibracionais que nos conectam uns aos outros, desde o início da criação até o momento presente. Através das Cordas Akas, compartilhamos pensamentos, sentimentos e memórias.
MUDRA	Mudra: é o nome dado a cada gesto específico usando as mãos durante a prática de meditação. Eles são ferramentas com o objetivo de estabelecer equilíbrio entre corpo e mente, além de trazer inúmeros benefícios físicos.
MEMÓRIAS INVISÍVEIS E LIMITANTES	São registros inconscientes de feridas emocionais, medos e projeções que atuam como um padrão oculto, determinando suas ações, escolhas e resultados.

REFERÊNCIAS E INDICAÇÕES DE LEITURA

BRENNAN, Barbara Ann. *Cura pela luz interior: conceitos avançados de cura para ter uma vida plena*. Tradução Gilson César Cardoso de Sousa. São Paulo. Pensamento, 2018. Título original: *Core light Healing*

DREHER, Amanda. *Cura da alma: liberte-se dos padrões ocultos que bloqueiam sua vida*. Nova Petrópolis. Luz da Serra Editora, 2021.

BYRNE, Rhonda. *The Power.* Tradução Lina Rosa e Janaína Senna. Rio de Janeiro. Agir, 2010.

DUPRÉE, Ulrich Emil. *Ho'oponopono: o ritual havaiano do perdão para atravessar momento difíceis e construir relacionamentos mais amorosos e saudáveis.* Tradução Lina Rosa. São Paulo, LeYa, 2020. Título original: *Ho'oponopono — The Hawaiian forgiveness ritual as the key toyour life's fulfilment.*

DISPENZA, Joe. *Como se tornar sobre-humano: descubra o novo mundo para lá da realidade física.* Alfragide, Portugal. Lua de Papel, 2019. Título original: *Becoming supernatural.*

HURTADO-GRACIET, Maria-Elisa. *Ho'oponopono para todos os dias*. Tradução Beatriz Medina. Rio de Janeiro. Sextante, 2019. Título original: *L'essence de ho'oponopono*.

DE'CARLI, Juliana. *Ho'oponopono – Método de autocura Havaiano*. São Paulo. Editora Nova Senda, 2019.

GRACIET, Jean; BODIN, Luc; LAMBOY, Nathalie. *O grande livro do Ho'oponopono: sabedoria havaiana de cura*. Tradução Stephania Matousek. Petrópolis, RJ. Vozes, 2016. Título original: *Le grand livre de Ho'oponopono: sagesse hawaïenne de guérison*.

LUYÉ-TANET, Laurence. *Ho'oponopono sem mistérios: guia prático de autocura havaiano e seus benefícios na vida diária*. Tradução Karina Jannini. São Paulo. Pensamento, 2018. Título original: *Ho'oponopono: la méthode des guériseures hawaïens pour libérer vos mémoires spirituelles*.

BODIN, Luc; HURTADO-GRACIET, Maria-Elisa. *Ho'oponopono: o segredo da cura havaiana*. Tradução Sonia Fuhrmann. Petrópolis, RJ. Vozes, 2019. Título original: *Ho'oponopono: le secret des guérisseurs hawaïens*.

Transformação pessoal, crescimento contínuo, aprendizado com equilíbrio e consciência elevada. Essas palavras fazem sentido para você? Se você busca a sua evolução espiritual, acesse os nossos sites e redes sociais:

Luz da Serra Editora no **Instagram**:

Conheça também nosso **Selo MAP – Mentes de Alta Performance:**

No **Instagram**:

Luz da Serra Editora no **Facebook**:

No **Facebook**:

Conheça todos os nossos livros acessando nossa **loja virtual**:

Conheça os sites das outras empresas do Grupo Luz da Serra:

luzdaserra.com.br

iniciados.com.br

luzdaserra

Luz da Serra®
EDITORA

Rua das Calêndulas, 62 – Juriti
Nova Petrópolis / RS – CEP 95150-000
Fone: (54) 99263-0619
E-mail: loja@luzdaserra.com.br